ユニバーサルイベント検定公式テキスト

いま、求められる
ユニバーサルイベント

一般社団法人日本イベント産業振興協会
Japan Association for the Promotion of Creative Events

「ユニバーサルイベント検定」に臨まれるみなさまへ

　「新しい情報を知りたい」「あのライブに行こう」など、いつもと少し違った体験を楽しんだり、先進情報を学びに行ったりする場として、イベントは多くの人に活用されています。いま、新しい情報はどこにいてもすぐキャッチできる時代だからこそ、それを実体験できる場としてのイベントに注目が集まっているのではないでしょうか。

　そして現在、そのイベントに来場する人々は、実に多様な人たちです。広い会場には、ベビーカーを押しながら熱心に展示の説明を聞いている人、杖をつきながらも最新の機器の利用方法に鋭い質問をしている高齢の人、盲導犬と一緒にライブを楽しんでいる人、すれ違うなかで聞こえてくるのは中国語や英語、韓国語にフランス語、手話で話している人、車いすや歩行器を使っている人など、さまざまな人たちが来場していることが当たり前になってきています。

　こうした多様な特性のある人々が普通に来場して、十分にイベント内容を理解し、楽しめる工夫と配慮あるイベントを、ユニバーサルイベントといいます。2016年には「障害者差別解消法」が施行されます。障がいがあるから参加できません、とは言えない時代になっています。外国人の来訪者も増えています。さらに70歳を過ぎても元気で好奇心旺盛な高年齢の人たちも増えています。2020年には、オリンピック・パラリンピックが対等に開催されます。海外から多くの来訪者も来ます。ユニバーサルイベントがますます評価される時代になりました。

しかし、「ユニバーサルイベントにするには予算がかかりすぎる」という声をよく聞きます。本当にそうでしょうか？

　いまはさまざまな機器やＩＣＴを活用したシステムやアプリケーションなどが目覚ましい勢いで開発されています。そうした技術を活用しながら知恵と工夫によっては、それほど予算をかけずに誰もが快適でスムーズに来場し、十分なコミュニケーションが図れ、新しい知識を得たり、楽しんだりすることのできるイベントが企画・実施しやすくなっています。

　このテキストは、そうした新しい技術や試みを実施している多くの方々にご協力いただきながら、さまざまなユニバーサル化できる方法や試みを紹介しています。ぜひ、皆さんの実施するイベントに取り入れて、ユニバーサルイベントへの足がかりにしてほしいと願っています。

ＮＰＯ法人ユニバーサルイベント協会　代表理事
内山早苗

ユニバーサルイベント検定問合せ先

一般社団法人日本イベント産業振興協会
〒 102-0082　東京都千代田区一番町 13-7　一番町 KG ビル 3 階
　TEL：03-3238-7821　　　FAX：03-3238-7834
　Email：info@jace.or.jp　　URL：http://www.jace.or.jp

目　次

■ 序　章　ユニバーサルイベントを学ぶ前に …………………… 1

Ⅰ　いま、なぜユニバーサルイベントが必要なのか ……………… 2
　1．進む国際化 ………………………………………………………… 2
　2．全員参加の社会へ ………………………………………………… 2
　3．2020年東京オリンピック・パラリンピックでは、
　　　ユニバーサルイベントが当たり前 ……………………………… 4
　4．前提としてイベントの基本を知る ……………………………… 4

Ⅱ．イベントの基礎知識 ……………………………………………… 6
　1．イベントの概念と分類 …………………………………………… 6
　　（1）イベントという言葉の意味 ………………………………… 6
　　（2）イベントの定義 ……………………………………………… 6
　　（3）イベントの基本構造 ………………………………………… 7
　　（4）イベントの基本構成要素 …………………………………… 8
　　（5）イベントの分類 ……………………………………………… 8
　2．メディアとしてのイベント ……………………………………… 10
　　（1）イベントのコミュニケーション・メディアとしての特性と機能 … 10
　　（2）イベントのメディアとしての社会的役割 ………………… 11
　　（3）地域イベントのコミュニケーション・メディアとしての効果 … 11
　3．イベントの企画・計画と制作推進 ……………………………… 12
　　（1）イベントの企画・計画 ……………………………………… 12
　　（2）イベントの制作推進における4大管理 …………………… 13
　　（3）イベントのプログラム ……………………………………… 14
　4．イベントのマネジメント ………………………………………… 14
　　（1）イベントの会場運営 ………………………………………… 14
　　（2）イベントのリスクマネジメント …………………………… 14
　　（3）イベントの課題 ……………………………………………… 15

第1章　ユニバーサルイベントの基本的な考え方 ………… 17

第1節　ユニバーサルイベントの概念 ……………………………… 18
1. "ユニバーサル"と"ユニバーサルイベント" …………………… 18
2. ユニバーサルイベントの条件 ……………………………………… 18

第2節　ユニバーサルイベントの背景 ……………………………… 24
1. ユニバーサルイベントを支える3つの大切な意識 …………… 24
2. ユニバーサルイベントが必要な日本の状況 …………………… 29

第2章　すべての人に届けるための
　　　　ユニバーサル・アクセシビリティ ……………… 35

◎アクセシビリティが必要なのは、会場だけではない ………………………… 36

第3節　広報・案内のアクセシビリティ ………………………… 38
1. まず、イベントがあることを知らせる ………………………… 38
2. 伝わる広報・案内にするための工夫 …………………………… 39
3. 口コミの効果 ………………………………………………………… 40

第4節　施工のアクセシビリティ …………………………………… 42
1. 誰もが通りやすい通路を設置する ………………………………… 43
　（1）アクセシブルな通路 ………………………………………… 44
　（2）段差への対応 ………………………………………………… 48
2. 誰でも使えるトイレ ………………………………………………… 52
3. その他の施工のアクセシビリティ ………………………………… 54

第5節　サインのアクセシビリティ …………………………………… 56
　1．イベント会場のサインの基本 ……………………………… 56
　2．サインの種類 …………………………………………… 58
　3．誰にでも理解できるUDサイン ……………………………… 59
　　（1）サインの見やすさ ……………………………………… 60
　　（2）わかりやすさ ………………………………………… 63
　　（3）UD配慮 …………………………………………… 66
　4．人的支援 ……………………………………………… 70

■ 第3章　特性を理解すると見えてくる　　ユニバーサル・コミュニケーション ……………… 71

　◎さまざまな不便さを理解する …………………………………… 72

第6節　動きの障がいがある人を理解する ……………………………… 74
　1．歩くことに不便さがある来場者 ……………………………… 75
　　（1）杖を使う人 ………………………………………… 75
　　（2）車いすを使用している人 ……………………………… 76
　　（3）義足をつけている人 ………………………………… 78
　2．持つ・つかむ・字を書くことに不便のある人 ……………………… 78
　3．麻痺のある人 …………………………………………… 79
　4．話すことに不便のある人 ………………………………… 79

第7節　情報の障がいがある人を理解する ……………………………… 80
　1．文字情報が見えない・見にくい視覚障がいのある人 ………………… 80
　　（1）全盲 ……………………………………………… 82
　　（2）弱視 ……………………………………………… 82
　　（3）色覚障がい ………………………………………… 84
　　（4）視野狭窄・視野欠損 ………………………………… 84

2．音声情報が聞こえない・聞こえにくい聴覚障がい者 …………………… 86
　　　　（1）ろう ……………………………………………………………………… 86
　　　　（2）難聴 ……………………………………………………………………… 86
　　　　（3）中途失聴 ………………………………………………………………… 87
　　　　（4）老人性難聴 ……………………………………………………………… 88
　　3．手話 …………………………………………………………………………… 88

第8節　理解の障がいがある人を理解する ……………………………… 90
　　1　日本語力によるもの ………………………………………………………… 91
　　2　脳の障がいによるもの ……………………………………………………… 92
　　3．情報リテラシーによるもの ………………………………………………… 94
　　　　（1）情報格差（デジタル・デバイド）…………………………………… 94
　　4．見えない障がい ……………………………………………………………… 96
　　　　（1）内部障がいのある人 …………………………………………………… 96
　　　　（2）精神障がいのある人 …………………………………………………… 98

■第4章　ユニバーサル・オペレーションとその事例 ……… 101
　　◎基本的マインドと留意点 ……………………………………………………… 102

第9節　会場到着までのスムーズなご案内 ……………………………… 104
　　1．来場希望者が求める事前情報を把握する ………………………………… 104
　　2．来場者がアクセスするツールのユニバーサルデザイン ………………… 106
　　　　（1）Webアクセシビリティ ………………………………………………… 106
　　　　（2）双方向の問合せツール ………………………………………………… 107
　　3．運営側の来場予定者情報の入手 …………………………………………… 108

第10節　受付から会場内のご案内と留意点 …………… 110
1．コミュニケーション支援ツールの活用 …………………………110
2．必要な対応能力とスタッフ ………………………………………114
3．会場内との連携 ……………………………………………………116
4．会場内の導線での配慮 ……………………………………………118

第11節　各ブースでの配慮のポイント …………………… 132
1．来場者に積極的な声かけを行う …………………………………132
　（1）視覚障がいのある人への配慮と留意点……………………133
　（2）聴覚障がいのある人への配慮と留意点……………………134
　（3）肢体障がいのある人への配慮と留意点……………………136
　（4）外国人や日本語力に配慮が必要な人への配慮と留意点…136
　（5）通常とは違う反応をする人への配慮と留意点……………138
2．飲食ブースでの留意点 ……………………………………………140

第12節　特別プログラム時の配慮と留意点 ……………… 142
1．情報保障にきめ細かく配慮する …………………………………142
　（1）申込みが必要な場合の配慮…………………………………142
　（2）当日の会場の配慮……………………………………………143
　（3）登壇者が知っておきたい／登壇者に伝えておきたい配慮…143
2．障がい別の配慮 ……………………………………………………147
　（1）見えない、見えにくい人への配慮…………………………147
　（2）聞こえない、聞こえにくい人への配慮……………………148
　（3）車いす使用者への配慮………………………………………148

第13節　ユニバーサルイベントの事例とリスク管理 …… 150
1．非常時にも対応できるアプリケーションの活用事例 …………150
　事例1：緊急災害時の多言語による情報発信
　　　　……「COMIC CITY」でのUDCastの防災対応実証実験 …152
　事例2：ブラインドサッカー世界選手権でのUDサービス対応 …154
　事例3：「ライブコンサート」での情報保障対応…………………157
　事例4：ユニバーサルスポーツフェスティバルのUD配慮………159

2．イベントとコンプライアンス ･･･ 165
　　（1）イベント開催に必要な申請書 ････････････････････････････････････ 165
　　（2）知的財産 ･･ 165
　　（3）肖像権 ･･ 165

第5章　ユニバーサルイベントのサステナビリティ ･･･････169

　◎イベントのサスティナビリティーとレガシー ････････････････････････････ 170
　　（1）イベントのサステナビリティ ････････････････････････････････････ 170
　　（2）イベントでのレガシー ･･ 171

第14節　新しい文化を創造するための理解と教育 ････････････････ 172
　1．主催者側の意識のもち方が重要 ･････････････････････････････････････ 172
　2．すべてのスタッフの多様性への理解・育成が必要 ･････････････････････ 173
　　事例：スカパーの2014年ソチパラリンピック24時間中継 ････････････････ 174

第15節　新たな社会的価値（レガシー）から生じる経済効果 ･･･ 178
　1．ユニバーサルイベントが社会に生み出す多様性の文化 ･････････････････ 178
　2．パラリンピックに期待する経済効果 ･････････････････････････････････ 178
　　事例：ユニバーサルキャンプｉｎ八丈島のレガシー ･･････････････････････ 180

参考文献・引用文献 ･･･ 183
取材・執筆協力 ･･･ 185

序章 | ユニバーサルイベントを学ぶ前に

I. いま、なぜユニバーサルイベントが必要なのか

1. 進む国際化

　2014年、海外から日本への来訪者（旅客）は1,340万人を数えています。そして、その滞在中、宿泊・買い物・食事などで消費した金額は、2兆300億円程度と推計されています（日本政府観光局の推計）。

　企業の海外進出や海外との取引も、大手企業の専売特許ではなくなりました。世界のシェアの7割を出している工業部品が、町工場で生産されているという現象も起きています。そして外国人労働者の数も増え続け、日本のどこに行っても外国人の姿が見られるのが当たり前となっています。

2. 全員参加の社会へ

　日本人の平均年齢が約46歳（2015年時、厚生労働省「人口の平均年齢，中位数年齢および年齢構造指数：中位推計」）になっている現在、社会構

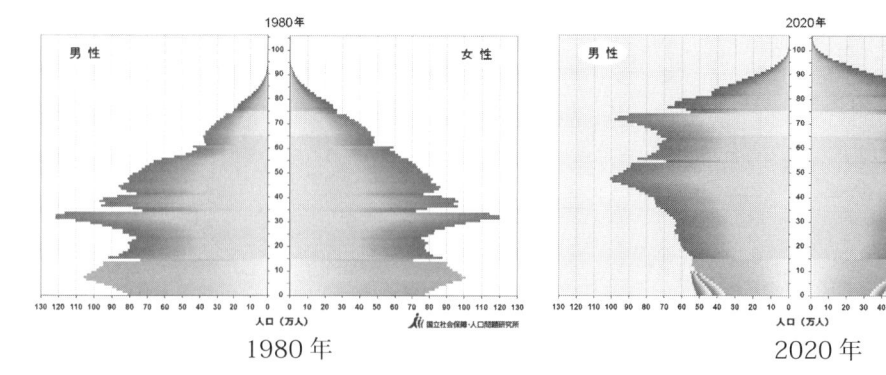

図表1　人口構成図

1980年　　　　　　　　　2020年

資料：1920～2010年：国勢調査、推計人口、2011年以降：「日本の将来推計人口（平成24年1月推計）。
出典：国立社会保障・人口問題研究所

造は大きく変化しています。かつてのように元気で若い人たちが生産性を支えていた時代とは変わり、全員参加への施策が国の重要課題として検討されています。

　2013年4月には「改正高年齢者雇用安定法」が施行され、2025年度には企業は65歳までの希望者全体への雇用延長が義務づけられるようになります。国はさらに女性の社会参加を国の大きな施策に掲げるなど、女性の社会進出とキャリアを後押ししており、育児休業取得、職場復帰に力を入れ、まちには妊産婦や子連れの男女が増え、社会活動も活発化しています。
　2014年には日本でも「障害者権利条約」が批准されました。この批准に先立って、2013年4月から障害者雇用率が2.0％になり、2018年からは精神障がい者の雇用が義務化され、さらに雇用率はアップされ、社会参加している障がいのある人たちはますます増えていきます。また、2016年には「障害者差別解消法」が施行され、障がいを理由にした教育や就職の機会や交通機関の利用の拒否は、特別な理由がない限りできなくなり、さまざまなイベントへの参加はますます増えていきます。

図表2　障害者権利条約批准に向けて整備された法律

年	整備された法律	備考
2011年	障害者基本法の抜本改正	手話言語法の制定へ
2012年	障害者総合福祉法制定	
2013年	障害者優先調達推進法施行	
	障害者の法定雇用率引き上げ	雇用率2.0％に
	障害者雇用促進法改正	精神障害者雇用の義務化2018年施行。雇用率のアップが見込まれる
	障害者差別解消法制定	2016年施行

障害者の権利に関する条約（略称：障害者権利条約）
http://www.mofa.go.jp/mofaj/gaiko/jinken/index_shogaisha.html

3．2020年東京オリンピック・パラリンピックでは、ユニバーサルイベントが当たり前

平成23年に施行された「スポーツ基本法」において、「スポーツは、障害者が自主的かつ積極的にスポーツを行うことができるよう、障害の種類及び程度に応じ必要な配慮をしつつ推進されなければならない。」と規定されました。

また、これまでパラリンピックは、障がい者のリハビリを目的として厚生労働省管轄で行われていましたが、2014年度にオリンピックと同様に文部科学省管轄となりました。「誰もがスポーツに参画できる環境の整備」として、オリンピック・パラリンピックがともに実施されることになりました。

障害者差別解消法やスポーツ基本計画にあるように、選手のためのユニバーサルな配慮はもちろんのこと、オリンピック・パラリンピックの観戦にやってくる海外からの来訪者（観光客）や国内の来場者の多様性に配慮したイベントを提供することは、もはや当たり前となっています。

当然、さまざまなイベントがオリンピック・パラリンピック会場以外でも開催されますし、日本全国各地へ観光客として訪れる海外の来訪者が増加するでしょう。地域では、その来訪者をより多く受け入れるさまざまなイベントを企画・実施することが必要となります。そうした際に、多様な来訪者を想定して、誰もが十分に楽しめるイベントを実施する必要があります。

4．前提としてイベントの基本を知る

超高齢化　29ページ参照▶

国際化・超高齢化が進んだいま、イベントでは障がいのある人への配慮を特別対応として計画していた時代から、障がいがあっても高齢になっても、文化や使用言語が異なっても、当たり前に一緒に参加できるイベントが普遍化してきています。

こうした多様性への配慮のあるイベントを、**「ユニバーサルイベント」**と名付けて普及に努めています。

Ⅰ．いま、なぜユニバーサルイベントが必要なのか

　このテキストでは、ユニバーサルイベントの意味と具体的方法を学んでいきますが、ユニバーサルイベントを実施するためには、あくまでもイベントについての基本的体系や概念を理解したうえで、さらにユニバーサルイベントとしての考え方や方法を理解してほしいと願っています。このテキストでは、イベントの基本的知識をもっていることを前提に、ユニバーサルイベントへの配慮と方法を具体的に示しています。

　そのために、まず、イベントの基本概念について簡単にまとめました。ここでイベントの大枠の理解をしてから、ユニバーサルイベントの学習に入りましょう。

Ⅱ．イベントの基礎知識

1．イベントの概念と分類

（1）イベントという言葉の意味

　「イベント」という言葉は外来語で、英語では「event」と表され、主に「出来事」「事件」という意味で説明されています。

　しかし、日本語のカタカナの「イベント」は、「出来事」などの意味も含みながら、主に「行事・催事」「スポーツ競技の種目」などを意味する言葉として定着しています。

　例えば、精神性を重視した伝統的な祭りや大きな経済効果のある国際博覧会、オリンピック、国際サッカー大会などもイベントと称されます。

　他にも、産業に直結する見本市や展示会、学術的な会議、講演会、娯楽を追求したコンサートなどのエンターテインメント、また体験型の発表会やコンテスト、生活に密着した文化祭や地域フェスティバル、誕生日会やクリスマス会などの年中行事や季節の歳事まで「イベント」という言葉に含まれています。

　このようにイベントという言葉が意味する概念が大きく、多様性に富んでいるため、時として自分たちがイメージしているイベントという言葉にあてはまらないこともあります。イベントを理解するには、まずイベント全体の概念、多様性などを理解することが大切です。

（2）イベントの定義

　イベントという言葉の意味を理解するために、その概念の大きさ、多様性を包括した「イベントの定義」を考えてみましょう。

> イベントは、何らかの目的を達成するための手段として行う行事・催事のことである。（イベントの概念的な定義）

　イベントの本質である「目的と手段」の関係の核心をついた、シンプ

ルな表現です。イベントそれ自体を目的とするのではなく、目的を達成する手段としてイベントを位置づけていることが、もっとも大切なポイントです。

また、イベントを企画制作する立場に立ち、イベントを実務的なものとして考えた場合、次のように定義できます。

> イベントとは、非日常を設定し、複数以上の人間を集め、時間と空間を共有することで、ある目的を達成する手段として実施する行事・催事のことである。　　　　　（実務的な考え方としてのイベントの定義）

（3）イベントの基本構造

どのイベントにも存在し、それがなければイベントとはいえない要件を、**イベントの必須要件**といいます。イベントを他の一般的な出来事と区別し、イベントとして成り立たせるには、次の要件を満たす必要があります。

イベントの必須要件

① 目的の存在……イベントには、開催目的や、開催意義または課題など、目的が存在する。
② 計画性……イベントは、意図的に計画されたうえで実施される。
③ 非日常性……イベントは日常とは違う何か特別な、非日常的なコトやモノ、体験的要素で構成されている。
④ 場の創出……イベントの「場」とは、単なる場所ではなく、集まった人々が「意味のある空間と時間」を共有する場所のことである。
⑤ コミュニケーション表現・活動……イベントでは、行事・催事プログラムやコンテンツなどといわれるコミュニケーションのための表現や活動が存在する。イベントはコミュニケーション・メディアとして「人と人」「人とコト」「人とモノ」をつなぐ役目をする。

（4）イベントの基本構成要素

イベントの必須要件を機能的に細分化し、項目別に構成したものがイベントの基本構成要素「6W2H」です（下表参照）。

イベントは、これらの6W2Hの基本構成要素が、企画計画段階、制作推進段階、実施段階、すべての段階で、相互に機能し、整合性がある状態で実施されるべきものです。

（5）イベントの分類

いろいろな形態をもつイベントは、さまざまな視点から分類することができます。代表的な分類は、「イベントの形態別分類」「主催者の社会的機能や役割による分類」の2種類の分類です。それぞれについて見ていきましょう。

図表3　イベントの基本構成要素

① Who	誰が	主催者、主催組織、実施者
② Why	なぜ	開催趣旨、目的、意図、理由、課題
③ Whom	誰に	来場者、観客対象、参加者、告知対象
④ What	何を	プログラム内容、行事・催事内容
⑤ When	いつ	開催時期、時間、期間、プログラムタイムテーブル
⑥ Where	どこで	開催場所、会場、アクセス
⑦ How	どのように	実施方法、演出内容、プログラムの構成内容、具体的展開手段、運営方法
⑧ How much	いくらで	開催費用、予算、収入管理、支出管理

© 一般社団法人日本イベントプロデュース協会

Ⅱ．イベントの基礎知識

①イベントの形態別分類
　イベントを形態別に分類すると、次の6つに分けることができます。

```
イベントの形態別分類
    博覧会系イベント
    見本市・展示会系イベント
    祭り・フェスティバル系イベント
    文化芸能系イベント
    スポーツ系イベント
    会議・集会系イベント
```

②主催者の社会的機能や役割による分類
　外見的には同じようでも、主催者が違えば、それぞれのイベントが果たす機能や役割は違ってきます。主催者の違いを基本に分類すると、次のようになります。

・公共型イベント：国や自治体などの行政や、団体が社会全体や地域社会の住民に対して行うイベントで、会議、シンポジウム形式や観光フェスティバルなど、さまざまなかたちで実施されます。
・産業型イベント：企業などが、社会や市場での利益や価値の増大を目的としたイベントです。その目的によって「広報・販促型」と「社会貢献型」に分けられます。
・市民型イベント：市民団体や市民グループなどが主催するイベントです。地域の賑わいづくりや、地域アイデンティティを醸成するためなど、主に地域や住民のためのイベントで、「ソーシャルイベント」「コミュニティイベント」とも表現されます。
・私的生活型イベント：個人が家族などが開催するイベントを、私的生活型イベントとして分類できます。

　大きく4種類に分けましたが、近年、この社会的機能や役割による分

類は複雑化しており、行政と市民団体などが主催する「行政市民型イベント」、企業と大学などが共同で実施する「産学共同型イベント」など、その形式も複雑化してきています。

2．メディアとしてのイベント

　イベントの概念的な定義である【イベントは、何らかの目的を達成するための手段として行う行事・催事のことである】を考えてみると、イベントは「手法として、相手に何かを伝えていくもの」ものであるといえます。
　つまり、イベントそのものは、発信者と受信者をつなぐ「媒体＝メディア」という機能をもっているといえるでしょう。

（1）イベントのコミュニケーション・メディアとしての特性と機能

①直接的コミュニケーション・メディア：現代社会においては、大量の情報が送り手側から受け手に対して発信されています。そこには、何らかの機械的、電子的なシステムが介在しています。これに対し、メディアとしてのイベントは、情報の発信者と受信者が空間と時間を共有することにより、相互の間には何も介在させないことが可能であり、直接の情報伝達、情報の交換が可能であるといえます。

②双方向コミュニケーション・メディア：イベントの「直接的コミュニケーション・メディア」の機能特性は、直接の情報交換を可能とし、必然的に「双方向コミュニケーション・メディア」という機能特性を生じさせます。他のメディアはその「双方向」性が、送り手、受け手のどちらかに偏っていることがあります。

③複合型コミュニケーション・メディア：メディアとしてのイベントは、他のメディアとの組合せが可能です。また、イベントそのものが、身体的表現メディアや機械的・電

気的・電子的なシステムメディアなどの複数メディアを内在しているので、メディアとしてのイベントは「複合型コミュニケーション・メディア」の機能特性をもっていると考えられます。

（2）イベントのメディアとしての社会的役割

①**イベントの社会実験機能**：社会実験とは新しい社会的制度や技術の導入に際し、実験的に新制度や新技術を試行し、その社会的影響や効果を確認することです。場所と時間を限定し、来場者と直接的コミュニケーション機能をもっているイベントは、社会的実験機能装置として、ふさわしい装置といえます。

②**イベントの教育機能**：イベントは、多数の人々が対象であるという特性と、双方向・直接的コミュニケーションという機能特性を有しています。これは、イベントが社会的な教育・啓発の機能を発揮することを意味しています。社会生活のなかでも、運動会、文化祭、祭り、クリスマスパーティなどのイベントを通して、教育的効果を発揮しています。

③**イベントのシミュレーション機能**：イベントは、非日常を設定することによって特殊な環境をつくることができます。日常生活ではなかなか接することのない人とふれ合えたり、非日常のコト、モノを体験したり、疑似体験することにより非常時の場面において役立つことが多くあります。これは、「体験できる」というイベントならではの特性といえるでしょう。

（3）地域イベントのコミュニケーション・メディアとしての効果

　地域イベントは、目的を達成する手段として実施されるものですが、企画・計画、制作推進、実施、それぞれの段階で、行政や関係機関、住民が協力、協働することで、コミュニケーション活動が活発になり、相

互の理解が深まるという効果が期待できます。つまり地域イベントは、何を、どのような人たちが、どのようなやり方でつくっていくのかという「プロセス」が重要となるのです。

このような「プロセス効果」によって、コミュニケーション活動が活性化し、地域全体の活性化に「はずみ」や「きっかけ」を与えることとなります。

地域イベントによってもたらされる効果

① 地域インセンティブ効果
地域郷土意識や地域コミュニティの醸成、地域生活文化の発展、人材の発掘、育成など

② 地域経済効果
地域ブランドのＰＲ、観光地域経客の増加、地場産業の売り上げ増大、地域資本の再発掘など

③ 地域コミュニティの活性化
住民や行政の横断的なコミュニケーションの活発化、地域安全のための防犯・防災力の向上、地域問題、課題の抽出など

このように「地域イベント」は、これからの日本の地域活性化、地域経営にとって、欠かせない要素であると考えられます。

3．イベントの企画・計画と制作推進

（1）イベントの企画・計画

一般に、イベントづくりの主要な段階は、5つに分けられます。

①企画立案→②計画策定→③制作施工→④会場運営→⑤結果の検証

そのなかで、企画・計画づくりは 3段階に分けて進めます。

①基本構想→②基本計画→③実施計画

①基本構想： イベントの開催目的、コンセプト、テーマなど中心に、会場プログラム内容、来場者対象、開催期間、予算など、イベント全体の概要を企画立案します。
②基本計画： 基本構想の実現のための手段や方法を具体的に示し、課題や問題点の解決策を示します。
③実施計画： イベント制作担当者のための詳細な図面や、プログラム内容など多岐にわたる作業指示書類です。担当別にマニュアルなども制作します。

　小規模イベントや、定例イベントの場合の企画・計画づくりは、基本構想、基本計画を合わせて「イベント企画書」として策定し、実施計画書、実施マニュアルとして具体的な内容で策定します。
　イベントの企画・計画づくりにおいては、8つの構成要素6W2Hを、矛盾なく整合性のある形で具体化しなければなりません。
　そのためには、5つの視点をもつ必要があります。

イベントの企画・計画づくりに必要な5つの視点
 主催者・クライアントの視点
 制作者の視点
 参加者（出演者や出展者）の視点
 来場者・観客の視点
 社会的視点

（2）イベントの制作推進における4大管理
　イベントの制作推進における管理業務は、次の4種類があります。

①品質管理： 「企画品質」「製作品質」「運営品質」の3品質があり、計画段階の「ねらい品質」と結果としての「でき栄え品質」があります。
②工程管理： 作業項目を抽出し、時系列に整理管理していくものです。作業項目にモレやダブリのないように、大日程管理、中日程管理、小日程管理に分けて工程表を作成します。

③予算管理： 予算はあらかじめ算定した金額であり、収入と支出の計画を実行費用と合わせて管理します。
④安全管理： 安全の確保はすべてにおいて優先します。安全管理の考え方には「法令遵守」「危険予知」「危険予防」「緊急時対応」「保険加入」などが挙げられます。

(3) イベントのプログラム

イベントのプログラム形式には「演技・競技型」「展示・映像型」「会議型」「式典型」「宴会型」の5つの基本形式があり、いずれか、またはこれらの組合せによってプログラムは構成されます。イベントの開催目的を達成するために、柔軟にプログラムを制作していくことが必要です。

4．イベントのマネジメント

(1) イベントの会場運営

イベントの会場運営には、事前準備に万全を期す必要があります。

会場運営の基本の基本は、来場者を「**安全**」「**快適**」「**円滑**」におもてなしすることです。基本的な会場運営業務は、次の3つに大別できます。

①**会場管理業務**：安全管理、警備、清掃、施設管理、来場者の入退場管理、来場者の誘導案内、スタッフ通門管理　ほか
②**プログラム管理業務**：プログラム施設管理、参加者・出演者管理、プログラム進行、配布物管理　ほか
③**会場サービス業務**：来場者案内業務、ユニバーサルイベント対応業務、来賓接遇、医療・救護、迷子・迷い人対応、クレーム対応、遺失物・拾得物対応、サービスプログラム管理　ほか

(2) イベントのリスクマネジメント

イベントにはさまざまなリスクがあります。

会場で起こる「事故」のようなもの、チケット販売不振による収支の赤字、機材の不具合によるプログラムの中断など、企画・計画段階から実施段階まで、さまざまなリスクがあり、これらのリスクを回避、移転、

低減するためのリスクマネジメントが必要です。

(3) イベントの課題

①イベントとコンプライアンス

　社会的活動であるイベントには、社会的責任としてコンプライアンスの遵守が求められています。基本的には「法令による法規制」「契約による契約規制」「社会的規範・通念・倫理による倫理規制」に分けられます。特に、イベントを実施する際には、警察署、消防署、保健所による規制が関わることが多く、常に確認しておく必要があります。

　また、イベントに深く関わる法規としては、著作権などのいわゆる知的財産権、個人情報保護法、肖像権、暴力団対策法などがあります。

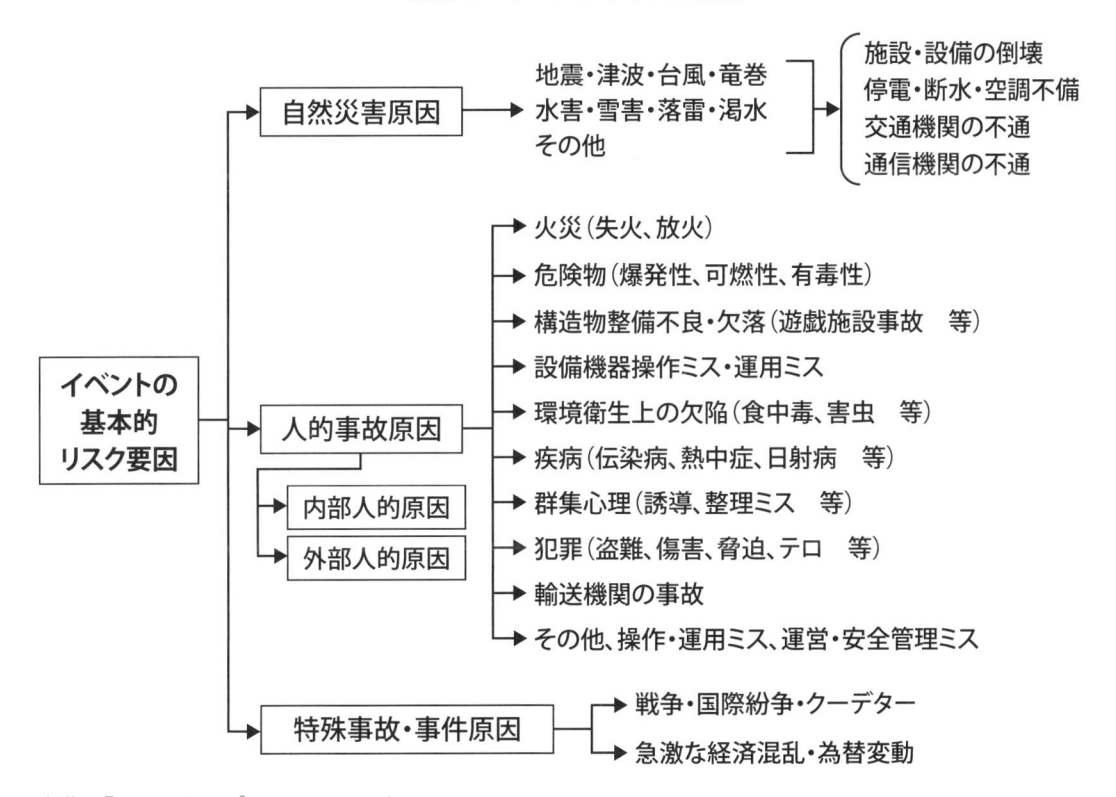

図表4　イベントのリスク要因

```
                        ┌─ 地震・津波・台風・竜巻  ┌─ 施設・設備の倒壊
          ┌─ 自然災害原因 ─┤  水害・雪害・落雷・渇水 ─┤  停電・断水・空調不備
          │               └─ その他                 │  交通機関の不通
          │                                        └─ 通信機関の不通
          │
          │               ┌─ 火災（失火、放火）
          │               ├─ 危険物（爆発性、可燃性、有毒性）
          │               ├─ 構造物整備不良・欠落（遊戯施設事故　等）
          │               ├─ 設備機器操作ミス・運用ミス
イベントの ─┼─ 人的事故原因 ─┼─ 環境衛生上の欠陥（食中毒、害虫　等）
基本的     │  ├─内部人的原因 ├─ 疾病（伝染病、熱中症、日射病　等）
リスク要因  │  └─外部人的原因 ├─ 群集心理（誘導、整理ミス　等）
          │               ├─ 犯罪（盗難、傷害、脅迫、テロ　等）
          │               ├─ 輸送機関の事故
          │               └─ その他、操作・運用ミス、運営・安全管理ミス
          │
          └─ 特殊事故・事件原因 ┌─ 戦争・国際紛争・クーデター
                              └─ 急激な経済混乱・為替変動
```

出典：『イベント・プロフェッショナル』
　　　一般社団法人日本イベント産業振興協会ＪＡＣＥブレインネットワーク監修・梶原貞幸編著

②イベントのサステナビリティとレガシー

イベントは一過性で、断続的な活動と考えられますが、イベントを体感するメディアとして考えた場合、繰り返し持続可能な活動として、サステナブルなイベントが可能になります。

また、イベント終了後も、有形無形のレガシーを残すことが可能です。

③ユニバーサルイベント

成熟社会へ移行しつつある現在、イベントには多様性への対応が「当たり前」として求められています。高齢者、障がい者、外国人など、さまざまな人々がイベントに来場します。そのためにもイベントの企画・計画段階から会場での運営段階まで、ユニバーサルサービスに取り組むことが重要であり、イベントの関与者全員が学ぶべきテーマです。

サスティナビリティ　22ページ参照▶

レガシー　171ページ参照▶

成熟社会：イギリスの物理学者ガボールの署名「成熟社会」からの転用語。物質的な豊かさを追い求めることが終息しつつあるなかで、精神的な豊かさや生活の質の向上を最優先させるような平和で自由な社会。

第1章 ユニバーサルイベントの基本的な考え方

第1節　ユニバーサルイベントの概念
第2節　ユニバーサルイベントの背景

第1章　ユニバーサルイベントの基本的な考え方

第1節　ユニバーサルイベントの概念

1. "ユニバーサル"と"ユニバーサルイベント"

> universal: connected with, affecting or done by all people or things in the world or in a particular group. (Oxford Dictionary)
>
> ユニバーサル：世の中あるいは特定のグループのすべての人々またはすべての物事に、関係すること、影響すること、または、なされること。

「ユニバーサルイベントって何？」、こう思った人もいるかもしれません。まず、この言葉の意味を押さえておきましょう。

ユニバーサル（Universal）とは、「普遍的概念」などと訳されますが、イベントでは、次のような考え方で使われています。

> **ユニバーサルイベント**
>
> **イベントに来場・参加を希望するすべての人々が、年齢、国籍、性別、LGBT、使用言語等の違いにかかわらず、高齢者も障がいのある人も、みんなと一緒に、快適に来場・参加でき、豊かで充実したイベント体験が享受できる、会場構造と施設機能と運営体制をもったイベント。**

> LGBT: 女性同性愛者（レズビアン、Lesbian）、男性同性愛者（ゲイ、Gay）、両性愛者（バイセクシュアル、Bisexual）、そして性転換者・異性装同性愛者など（性同一性障がい、トランスジェンダー、Transgender）の人々を意味する。
>
> 参考＞65ページ

気をつけたいことは、ユニバーサルイベントは、「高齢者や障がい者のためのイベント」ではないということです。「**高齢者も若い人も、障がいのある人もない人も、誰もが一緒に、来場し、参加・体験できるイベント**」のことなのです。

2. ユニバーサルイベントの条件

では、イベントをユニバーサルイベントにするためには、どのような条件が整っている必要があるでしょうか？　誰もが一緒に来場し、参加・体験できるイベントにするためには、次の4種類の条件が求められます。

> **ユニバーサルイベントの4条件**
> ① ユニバーサル・アクセシビリティ
> ② ユニバーサル・コミュニケーション
> ③ ユニバーサル・オペレーション
> ④ ユニバーサル・サステナビリティ

第1節　ユニバーサルイベントの概念

図表1－1　ユニバーサルイベントの4条件

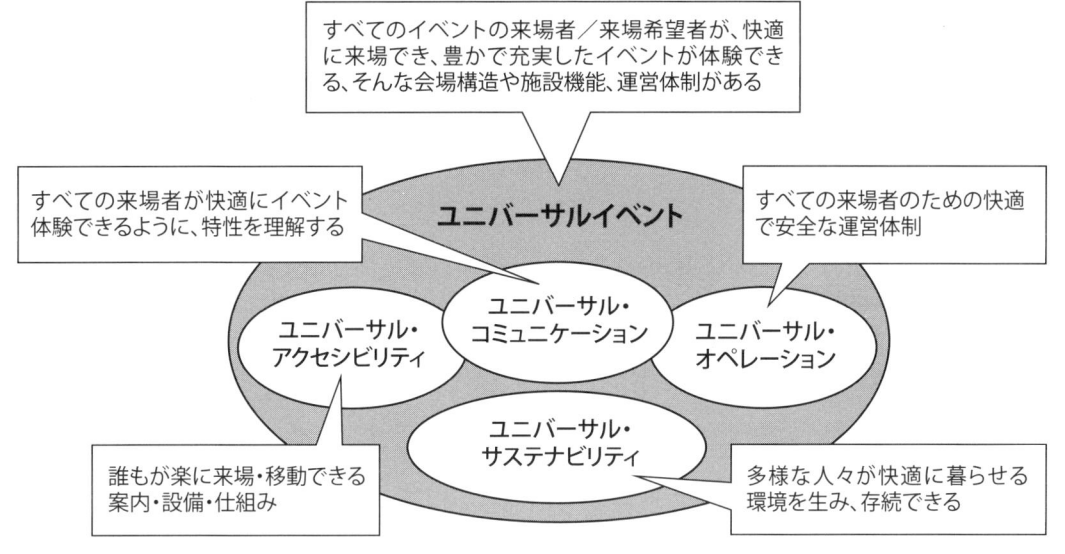

すべてのイベントの来場者／来場希望者が、快適に来場でき、豊かで充実したイベントが体験できる、そんな会場構造や施設機能、運営体制がある

すべての来場者が快適にイベント体験できるように、特性を理解する

すべての来場者のための快適で安全な運営体制

ユニバーサルイベント
- ユニバーサル・アクセシビリティ
- ユニバーサル・コミュニケーション
- ユニバーサル・オペレーション
- ユニバーサル・サステナビリティ

誰もが楽に来場・移動できる案内・設備・仕組み

多様な人々が快適に暮らせる環境を生み、存続できる

出典：『基礎から学ぶ、基礎からわかるイベント』　一般社団法人日本イベント産業振興協会

● あなたには、何も障がいがありませんか？ ●

　あなたには障がいがないだろうか？　全盲だったり、歩くことができなかったりする人たちは、「障害者手帳」を持っていることが多く、法律上「障がい者」と認定される。しかし、誰もが障がいをもつことがある。

　例えば、ベビーカーに乳幼児を乗せて外出するとき、あるいは20キロのスーツケースを引いて街を歩くとき、足をくじいているときなど。段差に困り、階段の前では途方に暮れるだろう。こんなふうに、一時的に障がいをもつ場面は少なくない。

　そして、今は若くて元気な人も、いずれは年をとって障がいをもつようになるだろう。足腰の衰え、視力・聴力の衰えなど、少しずつ誰も障がいをもっていく。

　ユニバーサルイベントの実現は、他人のためのものではない。いろいろな状況になったさいの、自分自身のためのものでもある。

19

第 1 章　ユニバーサルイベントの基本的な考え方

本テキストでは、この 4 条件それぞれを章に区切り、一つひとつ学んでいきます。

実際にイベントを開催する際、このすべてを完全に網羅（もうら）することは難しいかもしれません。それでも、この意識を高くもち、私たち一人ひとりが、少しでも理想のユニバーサルイベントに近づけようと努力する姿勢が、とても重要になるのです。

①ユニバーサル・アクセシビリティ

「アクセスがいい」というと、あなたは何を思い浮かべますか？　電車の乗り換えが楽なことや、イベントならば、電車を降りてからイベント会場まで、頻繁に専用バスが走っているなどを考えるでしょう。

アクセシビリティとは、もちろんこうした**空間的・物理的なことが便利・楽・使いやすい**ときに主に使用します。しかし、空間的・物理的な面に加え、**情報面の理解のしやすさ**も含まれています。例えば、駅を降りたら「イベント会場はこちら→（900m）」という看板がある。分かれ道では、「→イベント会場は左（あと200m）」などの看板がずっと続いていたらどうでしょうか？　多くの人が迷わずたどりつけるでしょう(▶)。こうした情報に関しても、アクセシビリティという言葉を使用します。

また、アクセシビリティは会場へのアクセスに関してだけではありません。イベント開催の告知から始まっています。誰が見ても理解できる広告や、興味をもったらすぐに問合せや情報収集ができる環境など、**そのイベントに近づくための情報経路**もまた、アクセシビリティが問われます。そして、日本語のわからない外国人でも、難しい漢字が読めない子どもでも、目が見えない視覚障がい者でも、同じように情報収集できることをめざすのが、ユニバーサル・アクセシビリティなのです。

ユニバーサル・アクセシビリティについては、第 2 章で詳しく学んでいきましょう。

②ユニバーサル・コミュニケーション

コミュニケーションは、一人ではできません。必ず「相手」が必要です。

イベントの運営側にとって、対話の相手は「来場者」になります（運営サイドのスタッフ間のコミュニケーション等に関しては、ユニバーサ

---

accessible: 1.that can be reached, used, etc. 2. easy to use or understand. (Oxford Dictionary)
accessibility: noun

アクセシブル：1. たどりつけたり、使用できたりすること。2. 使ったり、理解したりするのが簡単なこと。
アクセシビリティは、その名詞形。

▶ Let's think it over!
駅から会場まで、要所要所に看板があっても、日本語が読めないとわかりません。目が見えないとわかりません。気がつかないとわかりません。
あなたが駅から会場までの案内を担当するならば、どんな工夫をしますか？

参考＞ 56、67 ページ

第1節　ユニバーサルイベントの概念

ル・オペレーションの章で学んでいきます）。イベントには、英語や手話など他の言語を使用する人、難しい日本語を理解しにくい子どもや知的障がいのある人など、多様なコミュニケーション方法が必要な来場者が訪れます。ユニバーサル・コミュニケーションとは、そうしたすべての人が、情報を得て、理解できることをめざすコミュニケーションをいいます。

コミュニケーションは**双方向**のものです。来場者が情報を得て理解できただけでは不足です。来場者のほうからも意見が言える、アイデアを伝えられる、質問できる、そんな場・手段を提供しなければなりません。

また、そこには温かい心も必要です。例えば、言葉の通じない外国のレストランに行ったとしましょう。言葉が通じなくても笑顔で一生懸命に対応してくれたスタッフがいる店と、流暢な日本語を話すけれど見下した冷たい態度のスタッフがいる店とでは、どちらが楽しい思い出にな

communicate: 1.to make something known. 2. to exchange information, news, ideas, etc with somebody. 3. to have a good relationship because of shared feelings and understanding.(Oxford Dictionary)
communication: noun

コミュニケート：1.何かを知らせること。2.情報、ニュース、考え等を、誰かと交換し合うこと。3.感情や理解を共有することによって、いい人間関係をもつこと。
コミュニケーションは、その名詞形。

● 障がい者割引の意味 ●

有名な寺院に参拝。車いすのKさんは、友だちに砂利道の参道を押してもらい、石畳の溝に車輪を挟まれながらも、なんとか本堂前までたどり着いた。でも、目の前には大きな石段が！　それでも他の参拝者の助けも借りて持ち上げてもらい、なんとか本堂前で手を合わせることができた。

多くの施設・会場には、「障がい者割引」制度がある。もし障がいがなかったら、しなくてすむはずの不便さを先に詫びるための制度かもしれない。事実、「すべての人が同じように楽しめる」ことをめざしている東京ディズニーランドは、障がい者割引制度がなく、代わりにみんなと同じように楽しめるための制度や工夫がある。

イベントに携わる一人ひとりが、どんな人にも「しなくてすむ不便」を受けさせないよう、常に意識する姿勢をもってほしい。

第1章　ユニバーサルイベントの基本的な考え方

るでしょうか。

ユニバーサル・コミュニケーションについては、第3章で詳しく学んでいきましょう。

③ユニバーサル・オペレーション

ユニバーサル・オペレーションとは、ユニバーサルイベントを実現するための全般を取り仕切る運営体制のことをいいます。スタッフの運営技術や運営姿勢が、ユニバーサルの理念にしっかりと基づいたものであることが大切です。

ユニバーサル・オペレーションは、ユニバーサル・アクセシビリティやユニバーサル・コミュニケーションが不十分であっても、それを補うことができる、とても有効で重要なものです。

例えば、駅から会場までの案内板を取り付けたとしましょう。看板が見えない視覚障がい者、文字が読めない就学前の子ども、日本語が読めない海外の人、そして気がつかない人。こうした人たちは、せっかく案内板があっても活用できません。しかし、運営側が、上手に案内ができるように教育された案内人を、ちょうどよい場所に配置したらどうでしょうか？　さらに多くの人が、間違いなく安心して会場にたどり着けることになるでしょう。

「すべての人」というユニバーサルの視点・姿勢をもつことではじめて、「案内人を置こう！」と考え、企画・計画できるのです。そして、案内人を教育し、いつ・どこに立つのかのルールをつくるなどで、ユニバーサル・オペレーションが実現できるのです（▶）。

ユニバーサル・オペレーションについては、第4章で詳しく学んでいきましょう。

④ユニバーサル・サステナビリティ

サステナビリティとは**「持続可能性」**という意味です。

イベントは一過性のものです。文化祭やまちの盆踊りは一日・一晩で終わってしまったり、大掛かりな国際博覧会でも半年程度で終わったりします。そのため、イベントは長い間、"その場限り"という考えがあり、終わった後はブースの廃材やゴミが残っていました。

しかし今、すべてのイベントに、地球環境を壊さないようにすること

---

operate: to manage or direct something, to conduct an action, usually as part of a larger campaign. (extracted from Oxford Dictionary)
operation: noun

オペレート：通常、大規模なキャンペーンの一端において、何かを管理したり指示したりすること。（抜粋）
オペレーションは、その名詞形。

▶ Let's think it over!
いろいろなテクノロジーが発達し、「人」がやっていたさまざまなことにとって代わるようになりました。
例えば、以前はイベントの入口で、人が入場券をチェックしていましたが、今はチケットを挿入すると開くオートドアがあります。
こうしたテクノロジーの利用度が高くなると、オペレーションの負担度は、低くなるでしょうか？

参考＞70ページ

susutainable: that can be kept going or maintained. (Oxford Dictionary)
sustainability: noun

サステナブル：続けることや維持することができる。
サステナビリティは、その名詞形。

第1節　ユニバーサルイベントの概念

が求められています。何度も使えるパネル、自然に土に還る材料、終了後も十分に活用できる施設など、多くの工夫がなされています。

また、「持続可能性」は、こうした「物」に対してだけではありません。電気を使わない工夫などの「エネルギー」や「コスト」に対して、また、そのイベントを継続するための仕組みづくりなど、あらゆる点において、続けること、維持することをめざすことが求められています。

さらにユニバーサルイベントでは、誰でも当たり前に参加ができるイベントづくりを行うことによって、社会全体にノーマライゼーションやインクルーシブな考え方が浸透していきます。そして、その考え方をもとに行動が変わっていき、誰もが当たり前に活動できる社会が根付くというレガシーが、重要なユニバーサル・サステナビリティになるといえます。

ユニバーサル・サステナビリティについては、第5章で詳しく学んでいきましょう。

> ▶ Let's think it over!
> イベントが終わった後、パネル・材料・施設など、物理的なもの以外にも、次につなげられるものがあります。それは何でしょうか？
>
> 参考＞170、171ページ

◀ノーマライゼーション
24ページ参照

インクルーシブ：すべてを含んだ、という意の英語だが、ここでは「ソーシャル・インクルージョン」（社会的包摂）という言葉の形容詞的使い方。「ソーシャル・インクルージョン」は、あらゆる人が孤立したり、排除されたりしないよう援護し、社会の構成員として包み、支え合うという社会政策の理念。

● 基本は「理解したい」という気持ち ●

聴覚障がいのBさんがレストランに行ったときの話。テーブルに案内したスタッフが、Bさんに何か問いかけた。Bさんはいつも持参している"聴覚障がい者なので聞こえません"と書いたメモを見せると、スタッフは慌てて奥に行き、英語のメニューを持ってきて、Bさんに押し付けるように渡して去っていった。

聴覚障がい者に話を聞くと、「あるある」とうなずく。このスタッフは、「言葉が通じない」と知ったときに、その状況に慌ててしまい、「言葉が通じない人への対処法」として訓練あるいはインプットされている唯一の方法、「英語のメニューを渡す」で対応したのだろう。このスタッフは、筆談することやメニューを指差すことはできたはずだ。しかし、「理解したい」という気持ちがなければ、状況を深く考えたり、対話を工夫したりなど、できることに思いが至らない。コミュニケーションとは、相手のことを思い、相手を理解しようという気持ちがあって、はじめて成立するものだ。

```
MENU
ham sandwich ........ 400
pork sandwich ....... 500
pizza toast ......... 600
cream croquette ..... 800
spaghetti tomato .... 800
Hamburg steak ...... 1200
omelet containing ... 700
seafood salad ....... 500
vegetable soup ...... 380
```

第1章 ユニバーサルイベントの基本的な考え方

第2節　ユニバーサルイベントの背景

1．ユニバーサルイベントを支える3つの大切な意識

ユニバーサルイベントの考え方が生まれた背景には、次の3つの意識があります。その一つひとつを正しく知ることは、ブレのないユニバーサルイベントを実施するためにとても重要になります。

> **大切な3つの意識**
> ① ノーマライゼーション
> ② ユニバーサルデザイン
> ③ ダイバーシティ

①ノーマライゼーション

ノーマライゼーションとは、**人種が違っても、障がいがあっても、高齢になっても、誰もが自分の好きなところで暮らし、したい活動や仕事をするチャンスがあることが、ノーマル（当たり前）とする考え方**です。そして、そのように暮らせる社会環境をつくるための運動や制度づくりなどをいいます。

ノーマライゼーション運動は1960年ごろ、デンマークから始まった運動です。当時、知的障がいのある子ども達は、強制的に巨大施設に収容されていました。親たちは、子どもと一緒に暮らしたい、帰してほしいと運動し、そのとき行政官だったバンク・ミケルセンが、法制度や社会環境の整備を進めました。

このノーマライゼーションの動きが、世界に広がり、米国の**ＡＤＡ法**や日本の**障害者基本法**、**バリアフリー新法**へとつながっていきました。
障がいがある人も、高齢の人も、外国人も、どんな人でも、行きたい場所に自由に行ける、それが当たり前だということを前提に、イベントを設計・運営していくことが大切です。

---

normalize: to make something to fit the normal pattern．
(Oxford Dictionary)
normalization: noun

ノーマライズ：通常のパターンに合うようにする。
ノーマライゼーションは、その名詞形。

ＡＤＡ法：「障害を持つアメリカ人法」または「アメリカ障害者法」（Americans with Disabilities Act of 1990）
障がいによる差別を禁止する公民権法の一つ。

バリアフリー新法▶
42ページ参照

● 行きたい場所に行けること、それがノーマルなイベント会場 ●

以前は日本でも、ハンセン氏病の人は隔離された施設で暮らす、外国の人が経営してよいのは飲食店だけ、などといったいろいろな差別があった。

いまだに、障がい者が就ける仕事は決まっている、女性は学校で教育を受けられない、外国人は定められた場所に住まなければならない、などといった制度、文化、風習をもつ国もたくさんある。

イベントに例えてみよう。

ある家族が、大きなイベント会場にやってきました。父61歳、母55歳、兄30歳、妹は、車いすで28歳。

会場に着くと、受付のスタッフが、4人にそれぞれの色が違うチケットを発行して、次のような説明をしました。

「当イベント会場は、『バリアフリーゾーン』『シルバーゾーン』『ビジネスゾーン』『未来ゾーン』の4種類のエリアに分かれています。

車いすの方は、『バリアフリーゾーン』のみ入場可能です。このゾーンは車いすでも安心してご覧いただける会場となっておりますので。また、60歳以上の高齢の方は危険なアトラクションが多いので、『未来ゾーン』には入場は禁止となっております。なお、女性の方は、『ビジネスゾーン』には入れません。それではごゆっくりお楽しみください」

この日は、妹の誕生日。みんなで一緒に同じ時間を過ごしたかったので、バリアフリーゾーンに少しだけ立ち寄って、帰りました。

もちろん、実際にはこのようなイベントはない。しかし、階段でしか行けないエリアがあったり、車いすを押すことができない砂利の床だったりしたら、それは例え話と同じこと。行きたい場所に行ける、見たいものが見られるのが当たり前、そんなイベント会場をつくっていきたいものである。

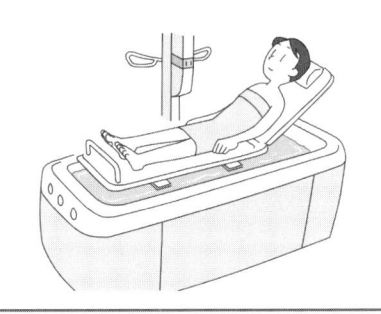

第1章　ユニバーサルイベントの基本的な考え方

②ユニバーサルデザイン

　ユニバーサルデザインは、「高齢者も若い人も、障がいのある人もない人も、**誰もが使いやすい製品や施設・設備・サービスをデザインする**」という考え方です。**ロン・メイス**が中心になって提唱しました。

　彼はまた、「ユニバーサルデザインは消費者市場によって動くものである」といいます。誰にとっても使いやすい製品や施設・設備は、利用する人・購入する人が多くなるという意味です。

　見えない人、聞こえない人、手足に障がいがある人、力が弱い人、文字が読めない人なども使いやすい物や、利用しやすいサービス、設備をつくると、そうでない人にとっても使いやすく利用しやすいため、たくさん利用されるようになるのです。

　ロン・メイスは、ユニバーサルデザインを具体的に理解するために「**ユニバーサルデザインの7原則**」を提唱しています。ユニバーサルイベントにおいてとても役立つ考え方です。図表1－2にまとめましたので、しっかりと覚えましょう。

> ユニバーサルデザイン：欧州では「デザイン・フォー・オール」ともいわれる。また、ISOや人間工学の分野では「ヒューマン・センタード・デザイン（HCD）」ともいわれる。
> 日本では「共用品」といい、財団法人共用品推進機構がその啓発と普及を行っている。

> ロン・メイス：本名ロナルド・L・メイス。ノースカロライナ州立大学ユニバーサルデザイン・センター所長で、建築家・工業デザイナーであり、本人自身も車いす利用者だった。

● **バリアフリーデザインとユニバーサルデザインとの違い** ●

　バリアフリーデザインは、目が見えない、力が弱いなどで使えない物やサービスに対して、使用できるように改良したもののことをいう。しかし、その障がいがない人にとって、逆に使いにくくなる場合がある。車いすごと自動車に乗れる福祉自動車や、寝たきりでも入浴できるバスタブなどがある。

　一方ユニバーサルデザインは、最初からできるだけ多くの方に使いやすいように設計・デザインされたものをいう。

　例えばライターはクリミア戦争（1853～1856）で片手を失った兵士のために開発されたという。当時、タバコを吸うためには、片手に持ったマッチ棒を、もう一方の片方で持った箱にこすりつけて火をつけた。つまり、両手が必要なのだ。そこで開発されたのが、片手で火がつけられるライターである。しかし、これは両手が使える人にとっても、大変便利なもので、瞬く間に世界中に広がった。まだユニバーサルデザインという概念がなかった時代のものであるが、ユニバーサルデザインのよい例である。

第2節　ユニバーサルイベントの背景

図表1－2　ユニバーサルデザインの7原則

原則	ガイドライン
1．誰にでも公平に利用できること（公平性）	① 誰もが同じ方法で使えるようにする。それが無理なら別の方法でも仕方ないが、公平なものでなくてはならない。 ② 差別感や屈辱感が生じないようにする。 ③ 誰もがプライバシーや安心感、安全性を得られるようにする。 ④ 使い手にとって魅力あるデザインにする。
2．使ううえで自由度が高いこと（自由性）	① 使い方を選べるようにする。 ② 右利き、左利きどちらでも使えるようにする。 ③ 正確な操作がしやすいようにする。 ④ 使いやすいペースに合わせられるようにする。
3．使い方が簡単ですぐわかること（単純性）	① 不必要に複雑にしない。 ② 直感的にすぐに使えるようにする。 ③ 誰にでもわかる用語や言い回しにする。 ④ 情報は重要度の高い順にまとめる。 ⑤ 操作のためのガイダンスや操作確認を、効果的に提供する。
4．必要な情報がすぐ理解できること（情報理解性）	① 大切な情報を十分に伝えられるように、絵や文字、手触りなど異なった方法を併用する。 ② 大切な情報は、できるだけ強調して読みやすくする（例えば、大きな文字で書くなど）。 ③ 情報をできるだけ区別して説明しやすくする（やり方が口頭で指示しやすくなるように）。 ④ 視覚、聴覚などに障がいのある人が利用しているさまざまなやり方や道具でも、情報がうまく伝わるようにする。
5．うっかりミスや危険につながらないデザインであること（安全性）	① 危険やミスをできる限り防ぐ配慮をすること＝頻繁に使うものはもっともアクセスしやすくし、危険なものはなくしたり、隔離したり、覆うなどする。 ② 危険なときやミスをしたときは警告を出す。 ③ 間違って操作しても安全なように配慮する（フェイルセーフ）。 ④ 注意が必要な操作を、意図せずにてしまうことがないように配慮する。
6．無理な姿勢をとることなく、少ない力でも楽に使用できること（省体力性）	① 自然な姿勢のままで使えるようにする。 ② あまり力を入れなくても使えるようにする。 ③ 同じ動作を何度も繰り返すことを、できるだけ少なくする。 ④ できるだけ、体に無理な負担が持続的にかからないようにする。
7．アクセスしやすいスペースと大きさを確保すること（空間確保性）	① 立っていても座っていても、重要なものは見えるようにする。 ② 立っていても座っていても、すべての物に楽に手が届くようにする。 ③ さまざまな手や握りの大きさに対応する。 ④ 補助具や介助者のためのスペースを十分に確保する。

参考：ノースカロライナ州立大学　ユニバーサルデザイン・センター／アクセシビリティ研究会著・C&C振興財団編『情報アクセシビリティとユニバーサルデザイン』アスキー

第 1 章　ユニバーサルイベントの基本的な考え方

③ダイバーシティ

ダイバーシティとは「多様性(たようせい)」という意味です。

人は、性別、年齢、言語、身体など、一人ひとりが違います。"いろいろな人がいること" = "多様であること"を理解し、違いを認め合って、お互いを受け入れながら、社会や組織を維持・発展させていこうとする考え方を、ダイバーシティといいます。

イベントのグローバル化はとどまるところを知りません。世界中から人が集まるイベントも、これからますます増えていきます。日本人にはなじみの薄い、兵役経験の有無や民族・人種といった違いもあります。入れ墨が神聖な信仰心を表す文化もあれば、豚肉や牛肉を食べない文化もあります。ダイバーシティの意識をしっかりもって、習慣・文化が違うからと、入場を断ったり、対応をあきらめたりするのではなく、どのように受け入れていくべきかを考えるためには、このダイバーシティの意識がますます重要になってくるでしょう。

diversity : the state of being varied. (Oxford Dictionary)

ダイバーシティ：多様性、変化に富んだ状態。

図表1−3　ダイバーシティのいろいろな種類

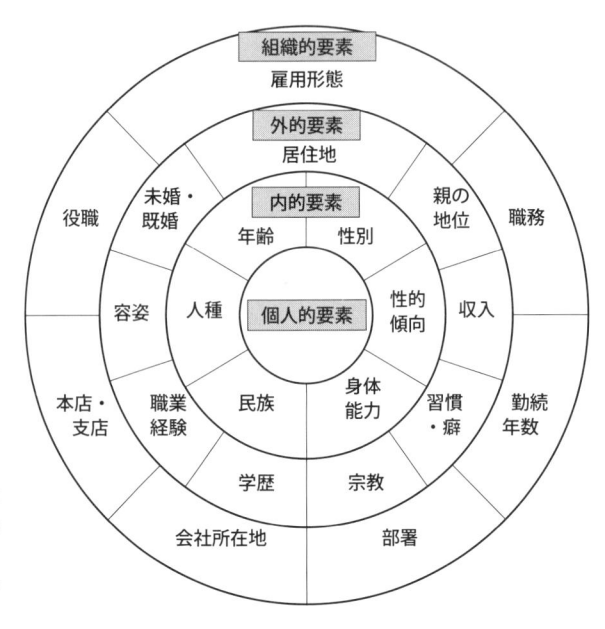

出典：Diverse Teams at Work, Gardenswartz & Rowe (2nd Edi-tions, SHRM, 2003)

２．ユニバーサルイベントが必要な日本の状況

社会は、常に変化しています。イベントも、これに対応するために、変化していかなければなりません。どのように変化していくかを考えるとき、求められるのがユニバーサルイベントなのです。

①超高齢社会の到来

日本は現在、「**超高齢社会**」と呼ばれる人口構成になっています。国連では、高齢者を 65 歳以上と規定し、高齢者が人口に対して、どのくらいのパーセンテージを占めるかによって、次のように名称を定めています。

高齢者が全人口に占める割合

7～14 パーセント	高齢化社会
14～21 パーセント	高齢社会
21 パーセント以上	超高齢社会

● 人は、ゆっくりと障がいのある状態になっていく ●

高齢者が増えるということは、障がいのある人が増えるということにもつながっている。高齢になると、多くの人が老眼や白内障などで、色がくすんで見えたり、細かい文字が読みづらくなったりし、視覚障がい者に少しずつ近づいていく。聴覚障がい者のように耳もだんだん聞こえなくなる。肢体障がい者のように、腰や膝の痛みで速く歩いたり、長く立っていることが大変になってきたりもするだろう。なかには知的障がいや精神障がいのある人のように、機敏に物事を判断したり、複雑なことを理解するのが難しくなる人もいる。

高齢者への対応が障がいのある人への配慮と共通点が多いのは、このように人がゆっくりと障がいのある状態となっていくからである。しかし、身体の衰えが心の衰えとは限らない。若い頃と変わらずに社会参加をし、金銭管理もしっかりとし、生き生きと暮らしている人もたくさんいる。一人ひとりがそれまでに形成した生活環境や考え方によって、行動や感じ方は千差万別である。実は生き方の多様性がもっとも豊富にあるのが、高齢者かもしれない。

そのため、高齢者に対しても一様に対応するのではなく、その人の状態に合わせた配慮ある対応をすることが大切である。それが、おもてなしの基本となるのではないだろうか。

第1章　ユニバーサルイベントの基本的な考え方

　高齢化は先進国共通の現象です。しかし日本の場合、高齢社会になったのが1994年、そして超高齢社会になったのは2007年と、わずか**13年で超高齢社会になったという特徴**があります。これはフランスの4倍、イギリスの3倍の速さなのです。

　そのため、法律・設備・システムなど、さまざまな対応が十分に追いついていません。そして、人々の意識もまた、なかなか追いついていないといえるでしょう。

　全人口に占める高齢者の割合が高いということは、高齢者がスムーズに快適にイベント会場まで来られるアクセシビリティの良さと、そのイベントに十分に参加できる施設や運営体制が整っていることが重要になるということです。こうした配慮は、これからますます必要とされるでしょう（図表1－4参照）。

②障がい者の積極的な社会参加

　昔は、障がいのある人の生活範囲はとても限られていました。例えば、視覚障がいであれば盲学校に入学し、鍼灸師の資格をとってその仕事に就く。聴覚障がいであれば、印刷業・理髪店・歯科技工が主な就職先でした。結婚する人は少なく、ずっと生まれ育った家で暮らす。このように、学ぶ場所、住む場所も、選べる仕事も範囲は広くありませんでした。

図表1－4　イベントに求める意見調査

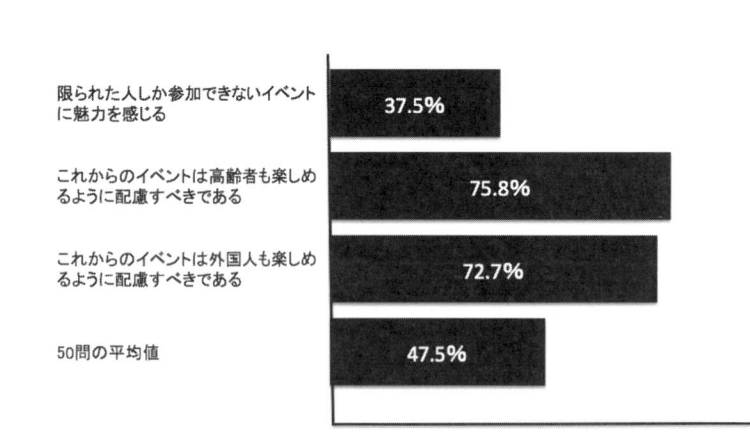

項目	割合
限られた人しか参加できないイベントに魅力を感じる	37.5%
これからのイベントは高齢者も楽しめるように配慮すべきである	75.8%
これからのイベントは外国人も楽しめるように配慮すべきである	72.7%
50問の平均値	47.5%

一般社団法人日本イベント産業振興協会は、2014年6月に、1,000人に対して、イベントに関するアンケートを行った。50問の質問項目に対して、「あてはまる」「ややあてはまる」「ややあてはまらない」「あてはまらない」の4種類を回答してもらったところ、「あてはまる」＋「ややあてはまる」のスコアの平均は47.5％であった。
そのなかで、高齢者や外国人への配慮を求める回答結果は目立って高く、平均を大きく上回った。
ここからさらに、ユニバーサルイベントの必要性がわかる。

参考：「平成24年　イベント市場規模推計報告書」より作図

第 2 節　ユニバーサルイベントの背景

　しかし、前述のように、ノーマライゼーションの理念が広がり、ダイバーシティを受け入れる意識が少しずつ広まってきました。**バリアフリー新法**によって、電車や建物の設備が整い、行動しやすくなりました。さらに、企業が「**障害者手帳**」を持っている人を、社員全体の 2.0％以上雇用する義務がある**改正障害者雇用促進法**が施行されています。そうしたなか、通信技術の発達によってできる仕事も多くなりました。障がいのある人も、自分のしたい仕事に就きやすくなりました。

　いままで狭い範囲で行動していた障がいのある人が、企業で働くようになり、外に出かけることが当たり前になってくると、当然イベントにも参加するようになります。以前と比べてはるかに多くの特性のある人たちが、イベント会場を訪れるようになります。ユニバーサルイベントは、もはや当然のことになりつつあります。

> 障害者手帳：障がいを証明するだけでなく、より積極的に社会参加ができるよう、公的支援を受けるための証明書的な役割も担っている。障害者手帳の種類は、身体障害者手帳、知的障害者の手帳、精神障害者保健福祉手帳の3種類があるが、各都道府県により、その名称はさまざまである。
>
> 障害者雇用促進法：「障害者の雇用の促進等に関する法律」。民間企業は、2.0パーセント（＊常用労働者50人に対し1名）以上の身体障がい者、知的障がい者を雇用しなければならないとされている。このパーセントを、**法定雇用率**という。

● 障がいのある人と社会参加 ●

　日韓共同で開催された 2002 年の FIFA ワールドカップ。このイベントに合わせ、服部一弘氏はトライクという三輪大型バイクで日韓 20 都市を巡るというイベントを行った。この企画は韓国側から提案されたという。韓国では、障がい者になると家の中に引きこもり、なかなか外出しない人が多い。「車いすでも積極的に社会参加をしている姿を、韓国の障がい者にも見せてほしい」と頼まれたことがきっかけだった。

　韓国だけではない。2011 年 3 月の東日本大震災のさい、障がいのある人の避難状況を確認しようとしたところ、関係者は似たような状況に直面した。近隣の人々がすぐ近所に障がいのある人がいることを知らなかったり、障がいのある人がいる家族が、その存在を隠しているなどして、なかなか調査が進まなかったという。

　社会参加をしている障がいのある人が、イベントに積極的に参加するようになったことに加え、イベントによって社会参加のきっかけをつかめる障がいのある人もまた、増えてほしいと願う。

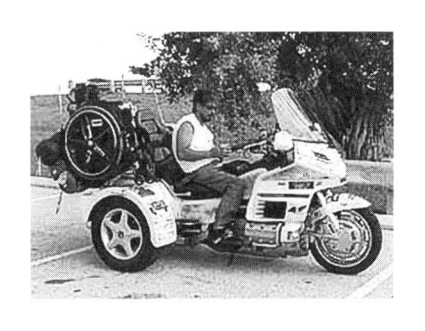

＊服部一弘：通称「たろ」。1986 年北米大陸 1 周ツーリングの途中、カナダで交通事故に遭い、下半身不随となる。2000 年夏に 14 年ぶりにトライクで旅を再開、残りの北米大陸の旅を走破。

第1章　ユニバーサルイベントの基本的な考え方

● ユニバーサルデザインは企画時から ●

　ユニバーサルデザインへの配慮は、企画時から考慮することが大切である。これにより、快適性とコストダウンが図られ、効果を発揮する。写真は世界でも有名な福岡の七隈線(ななくま)の例だ。開発当初からUDデザイナーが関わり、設計段階から配慮ができたという。

写真1：改札
　視覚障がい者用と車いす使用者用がそれぞれ別に設置され、使いやすくなっている。いちいち駅員のいる窓口を使わなくても、ICカードでスムーズに行ける。

写真2：誘導ブロックの切り込み
　車いすの人や大きな荷物を持つ人には、誘導ブロックは歩きにくい。そこで誘導ブロックに車いすの幅でカット部分をつけた配慮もある。券売機にも楽に行ける。細やかな配慮が嬉しい。

写真3：券売機
　一般的に券売機のタッチパネルは、見えない人や指先が不自由な人など、多くの人が使いにくい。しかし、ここの券売機は横にボタン式がある。高さも子どもや車いす使用者に配慮されている。

写真4：段差のないホーム
　電車とホームの段差をなくしたということは快挙である。車いす利用者の理想は、誰のサポートも受けずに一人で電車に乗れること。ホームを直線にしたことで車体とホームの隙間をなくし、ホームの高さを電車のドア

▲写真1

▲写真2

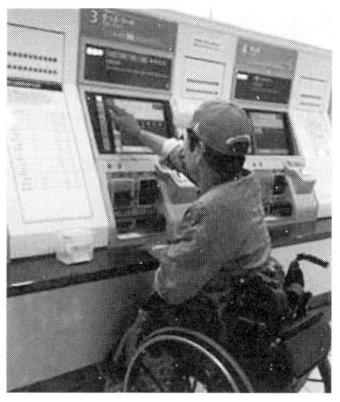

◀写真3

の高さと等しくすることを可能にしている。これはまさにトンネルを掘る前の段階からユニバーサルデザインを考えていたからこそ可能となった配慮である。

写真5：平らなホーム
　通常のホームは、水はけのために中央が盛り上がったかまぼこ型になっている。そのため、車いすやベビーカーはしっかり押さえていないと線路に向かって動いてしまい、落下してしまうという事故がしばしば起きている。しかし、このホームは中央に排水の設備を組み込んでいるので、かまぼこ型である必要がない。平らで線路側に傾斜していないので、安心してホームにいることができる。もちろんホームドアも当初からついている。

写真6：駅名の表示
　日本語と英語の横にかわいい絵がついている。動物だったり図書館だったり公園だったり、駅によってそのサインは異なっている。これは、文字では理解できない子どもや外国人などでもわかりやすいように、その駅ごとにサインを決めているのだ。その駅の近くにある施設や特徴のあるものが、サインとなってかわいい絵で表示されている。

　他にも多くの配慮がある地下鉄七隈線は、UD配慮として世界に評価が高い。
　　　　　　　　　（情報提供協力：定村俊満）

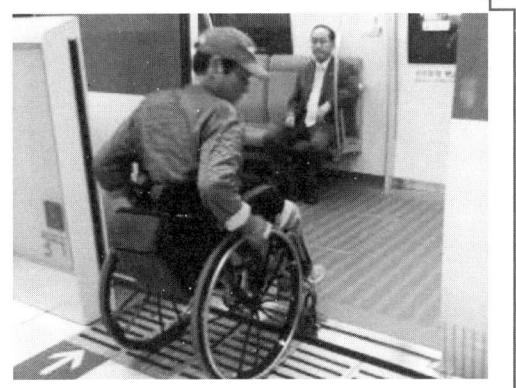

▲写真4

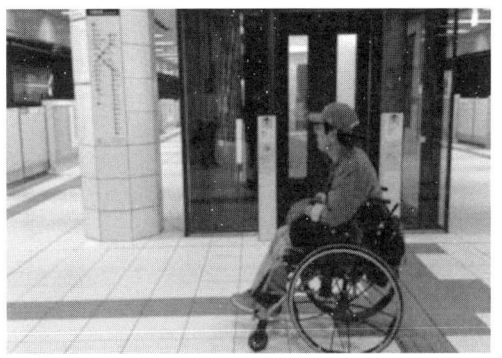

▲写真5

▲写真6

③社会の仕組みの安全性や使いやすさの向上

　イベントは、短期間という**一過性**、そして終了後にはなくなってしまうために、作られる設備などに**仮設性**があるという、2つの特徴をもちます。

　そのため、以前はイベントというと、見た目の美しさやインパクトの強さ、プログラム内容の豪華さに重きが置かれ、安全性は最低限考慮するというものも、少なくありませんでした。

　しかし、これからのイベントには、ますます多様な人が集まります。ハード面・ソフト面の両面で、さまざまな配慮が必要となっています。高齢になっても障がいがあっても、わかりやすく、体験しやすく、安全な質の高いイベント体験を提供できるもの、それがユニバーサルイベントなのです。

　ユニバーサルイベントは、イベントの品質向上を実現するための具体的な手法として、大きな力を発揮することでしょう。

● 上から目線の「やってあげる」は受け入れられない ●

　いろいろな特性への対応を考えるさい、よく「してあげる」「やってあげる」という言葉を耳にする。"視覚障がい者のために点字シールを貼ってあげよう"、"車いす使用者のためにスロープを設置してあげなければ"、等。

　言葉づかいは姿勢を表す。「あげる」にはいろいろな用途があるが、その一つに「身分が同等以下の人に何かを与える場合にも使われる」という言葉もある。障がいのある人、高齢の人、小さな子ども、こうした人々より

も「自分のほうが立場が上」という意識があると、「〜してあげよう」という言葉になる。

　点字やスロープは、「してあげる」ことではなく、するべきことであり、して当たり前である。「してあげる」などといばれる配慮ではない。障がいがあってもなくても、子どもでも高齢でも、素晴らしい人たちは大勢いる。そこに立場の上下はない。

　「してあげる」「やってあげる」の姿勢では、本当の意味のユニバーサル・オペレーションは難しいだろう。

第２章 すべての人に届けるための
ユニバーサル・アクセシビリティ

　　第３節　広報・案内のアクセシビリティ
　　第４節　施工のアクセシビリティ
　　第５節　サインのアクセシビリティ

第2章　すべての人に届けるためのユニバーサル・アクセシビリティ

◎アクセシビリティが必要なのは、会場だけではない

　"イベントのアクセシビリティ"というと、多くの人が、「段差がない会場」、「車いすでも使えるトイレの設置」、「点字ブロックの敷設」などをイメージしがちです。

　もちろん、こうしたイベント会場内のハード的なことも大切な「アクセシビリティ」です。しかし、ユニバーサルイベントでは、それはほんの一部にすぎません。

　まず、イベントが行われることを知ることができること、ここから始まります。知ることもまた、アクセシビリティ（＝イベントに近づく）の一つなのです。そして、その場所に行くことができ、会場の中に入ることができ、会場内では自分が行きたいところに行ける。そしてイベントが終わってからも、いろいろな形で主催者などとコンタクトできる。

　空間だけではなく、さまざまな形、場所、期間に及ぶものなのです。

　多面的な広がりがあるイベントですが、まずこの章では、イベントの「アクセシビリティ」を、次のような側面からとらえ、各節で学んでいきましょう。

> アクセシビリティの場面
> ① イベントがあることの広報や、イベント会場までの案内などのアクセシビリティ
> ② 会場や施設などのハード面に関する施工のアクセシビリティ
> ③ 案内板など情報を伝えるためのサインのアクセシビリティ

サイン：(sign) 情報を伝えるための表示物。例として、屋外に設置する広告、宣伝などを目的とした看板、室内に設置する会場内の案内板、室名札、ディスプレイ用のパネルなど。
56ページ参照

● 実現するには、何が必要？ ●

　ジュリアは、漫画が大好きなフランス人。2週間前に交換留学生として来日したばかりで、日本語は、やっと挨拶ができる程度です。

　ある日、学校に行く途中、駅に貼ってあったポスターを見かけました。

　「え？　来月4日に、○×スタジオで、漫画のイベントがあるんだ！　うわぁー、日本の漫画イベントなんて、何があっても、絶対行きたい！　でも、彩花は一緒に行ってくれないわよね……」

　彩花というのは、ジュリアの唯一の友人。漫画にはまったく興味がないのです。

　スマートフォンのWebで調べたら、とても楽しそうです。電車を降りて、すぐに電話をしてみました。話を聞くと、フランス語の翻訳機械が用意してあるというので、一人でも行こうと決心しました。

　当日になりました。初めて降りる上野駅。こんな大きな駅は初めてです。でも、案内にあった改札口を出ると、そこからは会場までの案内がずっと続いていて、問題なく到着することができました。

　会場内では、スタッフも親切、すぐに新しい友人もできました。新作の作品紹介も楽しめたし、憧れの漫画家との握手会の列にも、しっかり並んでサインをもらえました。

　イベントが終わって家に着くと、余韻を楽しみながら早速Webチェック。ヨーロッパからもずいぶんたくさんの人が参加していたようです。

　アンケートのサイトもあったので、「どうぞ、来年もこのイベントを開催してください。必ず来年も行きますよ」とフランス語で投稿しました。

・・・・・・・・・・・・・・・・・・・・・・・・・・・・・・・・・

　ジュリアには、「日本語ができない」という障がいと「上野など日本の土地を知らない」という2つの障がいがある。しかし、自分が行きたい場所に行け、見たいものが見られた。

　このようなイベントを実現するには、何が必要だろうか……。

第3節　広報・案内のアクセシビリティ

1．まず、イベントがあることを知らせる

　いくら素晴らしいイベントを開催しても、来場者がいなければ成立しません。来場者はどのようにしてイベントに参加するのでしょうか？
　まず、「イベントがあること」を知って興味をもちます。そして、「どのようなイベントなのか」を知り、参加を決定します。それから「申込み」を行ったり、「アクセスマップ」などで行き先を調べたりして、イベント会場を訪れるのです。
　広報や案内は、イベントがあることを知らせ、来場者をイベントまで導きます。しかし、ここに何らかのバリアがあると、せっかく興味があっても参加をあきらめてしまうことになります。

　実は、障がいのある人たちは「イベントがあることを知らなかった」、「興味はあるけれど参加はあきらめる」ことが多いのです。
　まちのあちこちに貼られた祭りのポスター。視覚障がい者には見えません。誰かに「来週は神社で祭りがあるよ」と言葉で伝えられない限り、ポスターから情報は得られません。後から人に聞いて、「知らなかった」と残念に思いました。
　ある聴覚障がい者が、祭りで開催されるフリーマーケットに参加したいと思いました。ポスターに書いてあるのは、申込みのための電話番号だけ。電話ができない聴覚障がい者は参加をあきらめました。
　車いすを使う人は、「神社？　きっと階段は多いし、砂利道だろう」と初めからあきらめました。
　日本語があまり得意でない外国人は、「先着50名に法被プレゼント」とポスターに書いてあるのを見ましたが、法被の意味がわからずゆっくり出かけたら、最近コレクションを始めた「はっぴ」だったことを知って、悔しく思いました。

　障がいのことを理解すると、どのような方法・どのような内容だと、伝わらない、伝わりにくいのかが、見えてきます。そして、それによっ

第3節　広報・案内のアクセシビリティ

て配慮がされた情報は、障がいの有無にかかわらずわかりやすくなり、その結果、アクセシビリティを高めることができるのです。

2．伝わる広報・案内にするための工夫

　イベントの広報・案内の方法は、図表2－1のように複数あります。予算が十分にあるならば、多くの人に伝わるテレビ、高齢者やドライバーに伝わりやすいラジオ、多くの人の目に触れるポスター、配布できるパンフレットなど、さまざまなツールの作成・活用ができます。

　しかしイベントには、広告宣伝費などの「予算」が決められています。その予算内で、どの方法をどのように用いるか、どんな内容を提供するかを考えていきます。そして、目標どおりの集客効果を出すことが求められているのです。

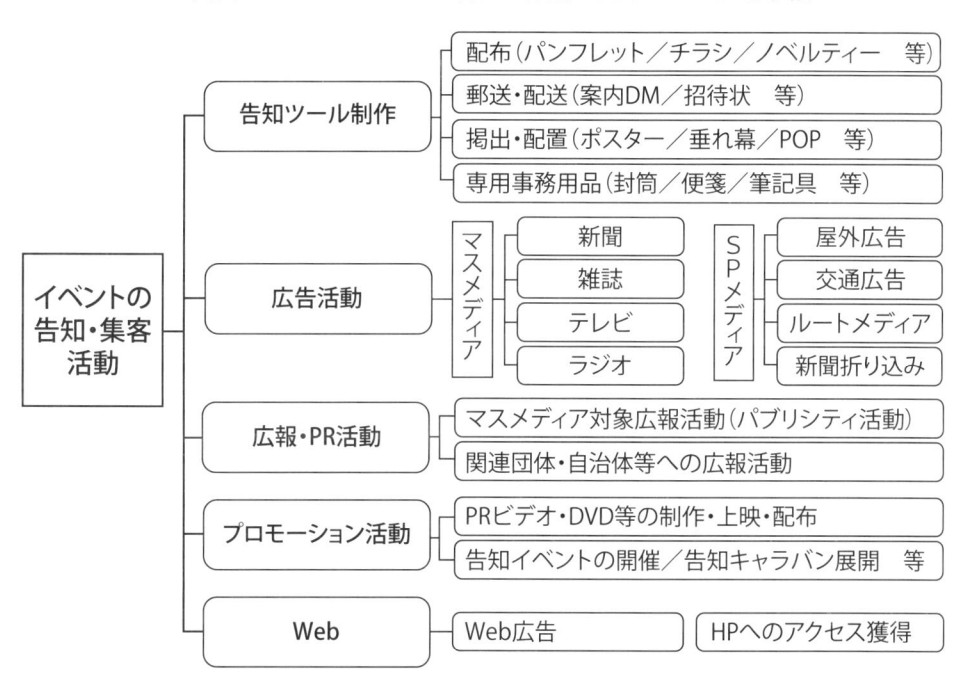

図表2－1　イベントの告知・集客のためのツールと手段

- 告知ツール制作
  - 配布（パンフレット／チラシ／ノベルティー　等）
  - 郵送・配送（案内DM／招待状　等）
  - 掲出・配置（ポスター／垂れ幕／POP　等）
  - 専用事務用品（封筒／便箋／筆記具　等）
- 広告活動
  - マスメディア：新聞／雑誌／テレビ／ラジオ
  - SPメディア：屋外広告／交通広告／ルートメディア／新聞折り込み
- 広報・PR活動
  - マスメディア対象広報活動（パブリシティ活動）
  - 関連団体・自治体等への広報活動
- プロモーション活動
  - PRビデオ・DVD等の制作・上映・配布
  - 告知イベントの開催／告知キャラバン展開　等
- Web
  - Web広告
  - HPへのアクセス獲得

参考：『イベント検定公式テキスト 基礎から学ぶ、基礎からわかるイベント』
　　　一般社団法人日本イベント産業振興協会

もっとも来場してほしい人はどんな人なのかを考えて、もっともスムーズにアクセスできる方法を考え、効果の高い方法を検討していきましょう。

3．口コミの効果

コントロールしにくく、また数字によって結果を得にくいものに、「口コミ」があります。TwitterやFacebookなどによる情報発信も、この口コミの一つです。口コミによる情報は、あまりその正確性が問われないため、正しくなかったり、歪められることもありますが、それでも大きな影響力をもます。

以前は「噂」のひとつの形としてとらえられ、企業などは噂にならないことをめざす時代もありましたが、現在はＣＧＭとしてそれを活用するようになりました。人気のあるブログを公開・運営している人を招いてパーティを開催したり、商品サンプルを渡してブログに書いてもらえるようにしたり、企業自らがＳＮＳを公開するなどの活動も増えてきました。広報・案内のツールを考えるさいに、コントロールしづらい口コミは忘れがちですが、実は非常に大きい影響力をもっています。

聴覚障がいのある人のための特別支援学校はその数自体が少ないため、小学校から高校まで同じ学校・同じ寮などで過ごす場合も多く、社会人になってからも交流が深いという特徴があります。そこで、聴覚障がいのある人の間に一度情報が乗ると、瞬く間に広がる場合があります。

また、車いすやオストミー（人工肛門）を利用している人は、どんなトイレでも使えるわけではありません。事前に調べたり、他の同じ障がいのある人からの情報をWebで集めて出かけることもあります。

「大変な目にあった。障がいへの配慮がない」などとWebに書かれないようにするとともに、「このイベントは見えなくても、聞こえなくても十分に楽しめた」と書いてもらえるようにしたいものです。費用のかからない、もっとも効果的な広報ともいえるでしょう。

口コミ：大宅壮一氏の造語。「マスコミ」と比較するために生まれた言葉で、「口頭でのコミュニケーション」の略と考えられている。

ＣＧＭ：Consumer Generated Media。ブログやＳＮＳ、口コミ、ポータルサイトなどによって広がる情報を、メディアしてとらえたもの。

オストミー▶
52ページ参照

● 年齢と Web ●

2013 年 6 月、ウェブユーザビリティの第一人者であるヤコブ・ニールセン博士（デンマーク出身、アメリカの工学博士）の調査によると、65 歳以上のユーザーは 21 〜 55 歳のユーザーよりも Web サイトを利用するのに 43% 長く時間がかかるという。もちろん、これからはこの数値は少しずつ改善されていくであろう。しかし博士は、ある程度以上の改善を望むのであれば、デバイス自体のデザインを変える、つまりユニバーサルデザインに変える必要があるという。

以前はスマートフォンはもっと使いにくく、パソコンの処理速度は遅かった。ここ数年を振り返っただけでも、ハードは日々変化している。

そして、ハード以上に、そこに載せる情報（ソフト）も進化しなければならないだろう。情報のすべてが画像では、音声に変換できないため、視覚障がい者は使用できない。電話番号しか書いていなければ、耳で聞くことができない聴覚障がい者には問合せができない。複雑な構造になっていれば、高齢者の操作ミスは増え、アクセスの成功率が減る。

博士の調査では、25 歳をピークに、ＩＴの操作能力は 0.8% ずつ低下するという。20 年後の 45 歳では、実に 16% の低下である。

イベントにはいろいろな人が集まる。成人式でもないかぎり参加者全員が 20 歳代ということはないだろう。また、子どものイベントに申し込むのは、その親か祖父母が多くなる。

どの年代でも Web 上にある情報にアクセスしやすいことが大切だ。

あなたは外国に旅行したとき、部屋にテレビとリモコンがあったら、操作に迷うだろうか？　フロントに問い合わせることもなく、自然にリモコンを手にとり、電源を入れ、チャンネルを選択できるだろう。

現在、PC やスマートフォンなど、世の中にはいろいろなデバイスが出回っているが、まだテレビのように、子どもも大人も日本人も外国人も、何も悩まずに操作できるものではない。イベントに関わる者として、それを踏まえたうえで、Web での広報・案内を心がけたい。

一連の Web 操作に対する成功率など

	56 〜 75 歳	21 〜 55 歳
成功率（%）	55.3	74.5
作業時間（分：秒）	7:49	5:28
エラー回数	2.4	1.1

第2章　すべての人に届けるためのユニバーサル・アクセシビリティ

第4節　施工のアクセシビリティ

段差を越えることや、長時間・長距離の移動が難しい杖や車いす利用の人、高齢の参加者を対象として考えると、結果として、誰にとっても移動がしやすい会場にすることができます。

バリアフリー新法によって、新しくつくる公共施設や大規模民間施設では、車いすでも利用できる施設をつくることが義務づけられています。また、すでにあるものは、大規模な改修工事を行い、バリアフリーにしなければなりません。すでに述べたように、新しくつくる場合と違い、後からバリアフリーにするのは時間も費用もかかります。

イベントも同様です。「ここに段差ができてしまったからスロープが必要」、「ここは迷いやすいから、案内板を追加しよう」など、対応を後回しにすると、後から予定外の費用が発生しがちです。

イベントの企画段階から、しっかりとユニバーサルデザインの意識をもって、**初めから企画・計画に組み込んでいきたいものです。**

大規模民間施設：高層ビルやショッピングセンター、ホテルなど、不特定多数の人が利用する施設。

● バリアフリー新法の経緯 ●

①ハートビル法：
2000年施行、2006年12月廃止。正式名称は「高齢者、身体障害者等が円滑に利用できる特定建築物の建築の促進に関する法律」。高齢者や障がい者等が自立した日常生活や社会生活を送れるように、電車や道路、公共の建物などをバリアフリーにする法律。

②交通バリアフリー法：
2000年施行、2006年12月廃止。正式名称は「高齢者、身体障害者等の公共交通機関を利用した移動の円滑化の促進に関する法律」。高齢者・身体障がい者が公共交通機関を利用して移動する際の利便性・安全性を向上させるために、駅などの施設や車両および周辺の道路・広場などのバリアフリー化を一体的に推進することを定めた法律。

③バリアフリー新法：
2006年に、ハートビル法と交通バリアフリー法を統合・拡充した法律。正式名称は「高齢者、障害者等の移動等の円滑化の促進に関する法律」。

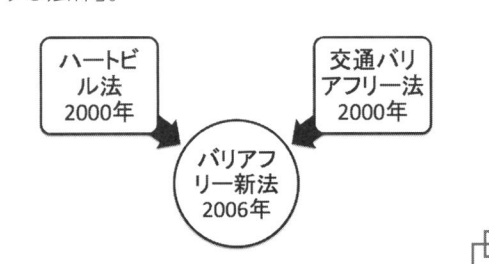

```
ハートビ            交通バリ
ル法       →       アフリー法
2000年              2000年
         ↘        ↙
        バリアフ
        リー新法
        2006年
```

第4節　施工のアクセシビリティ

1．誰もが通りやすい通路を設置する

　移動にもっとも不便さを感じているのは、階段などの段差を越えるのが難しい車いすを利用する人でしょう。また、視覚情報が得られない・得にくい視覚障がいのある人も移動が不便です。階段も上れるし、目が見えていても体力的な問題で、スムーズに移動ができない内部障がいのある人や高齢の人もいます。こうした来場者でも、誰でも通れる通路や移動手段は、ユニバーサル・アクセシビリティを考えるために必要な知識となります。

図表2－2　必要最低限の通路幅

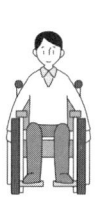

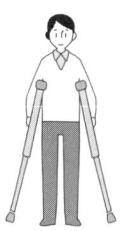

	人（成人男子）	車いす	杖使用者	自操用ハンドル型電動車いす	盲導犬
静止状態	幅45cm	幅80cm	幅90cm	幅80cm	幅80cm
通行可能	幅50cm以上	幅90cm以上	幅120cm以上	幅100cm以上	幅150cm

●松葉杖使用者が円滑に通行できる幅

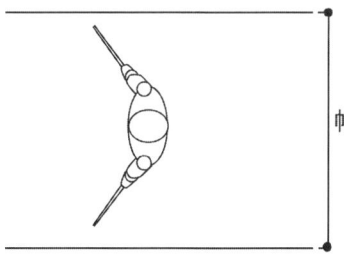

幅：120cm

出典：国土交通省総合政策局安心生活政策課監修
　　　「バリアフリー整備ガイドライン（旅客施設編）」
　　　公益財団法人交通エコロジー・モビリティ財団

（1）アクセシブルな通路

①車いすで通れる通路の幅

　一般に必要最低限とされる通路幅は、図表2-2のとおりです。さらに、車いすを利用している人とすれ違う場合、Uターンする場合などを考えると図表2-3に示した幅も検討することが必要となります。

　バリアフリー新法でもいろいろな基準が設けられていますので、車いすと人がすれ違える幅などの確保に留意していきましょう。

図表2-3　車いす利用者に必要な通路幅

●通過に必要な最低幅　　幅：80cm

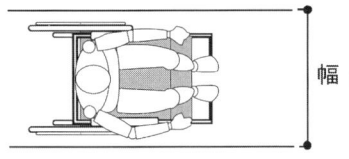

●余裕のある通過及び通行に必要な最低幅　　幅：90cm

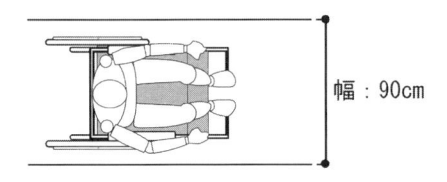

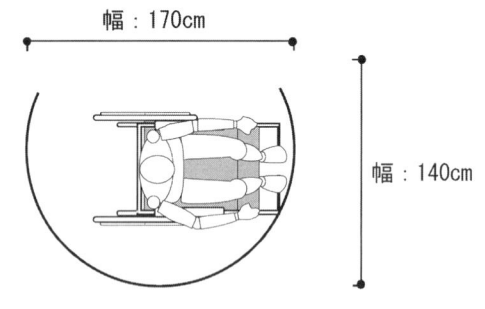

●車いすと人のすれ違いの最低幅　　幅：135cm

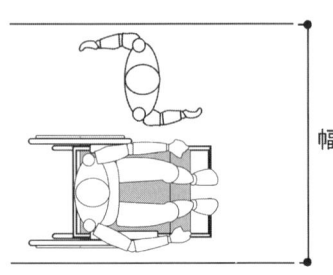

●車いすが180度転回できる最低寸法　　幅：170cm　幅：140cm

●車いすが360度回転できる最低寸法　　幅：150cm

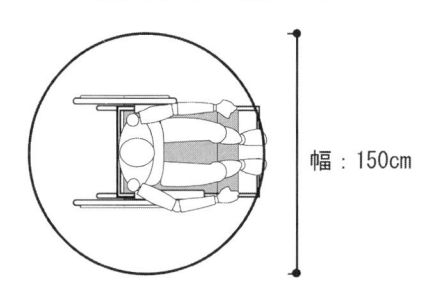

出典：国土交通省総合政策局安心生活政策課監修「バリアフリー整備ガイドライン（旅客施設編）」
　　　公益財団法人交通エコロジー・モビリティ財団

第4節　施工のアクセシビリティ

②床素材

　イベントに高級感や豪華さを出すために、会場の通路や床に、厚手の絨毯が敷き詰められているのをよく見かけます。

　実は、この厚手の絨毯は、車いすの車輪に食い込んでしまうので、車輪が重くなり、操作が大変になります。

　車いす利用者のことを考えると、イベント会場の床は塩化ビニル系の素材やフローリングなど硬質のものにし、**絨毯を敷く場合には毛足の短いカーペットにしたほうがよいでしょう**。

　また、濡れると滑りやすくなる素材もあります。継ぎ目の広く開いたウッドデッキや日本庭園・神社仏閣などを再現するさいに使いがちな砂利などは、車いすが動かなくなってしまう場合もあります。杖の先や女性のハイヒールもはまりやすくなるので、人が通る可能性があるかどうか、しっかりと最初に検討しておきましょう。

　床の素材は、見落としがちな点でもあり、広い会場になると予算にも大きく響きます。

③通路に置く備品

　イベント会場には、出展者の各ブース、屋台、資料のラック、出入り口の足拭きマット、インテリアのオーナメントや植木鉢など、通路周りだけでもいろいろなものが存在します。

　元気に歩ける人には特に問題がなくても、車いすやベビーカーが通るとき、視覚障がい者が白杖を使うときなど、邪魔になる場合もあります。

　必要な品はしっかりと備えることが大切ですが、それと同時に、いろいろな人が通ることを考えた「動線」の確保が大切です。**動線が確保された通路は、火災や地震の発生時にも避難しやすい通路となります**。

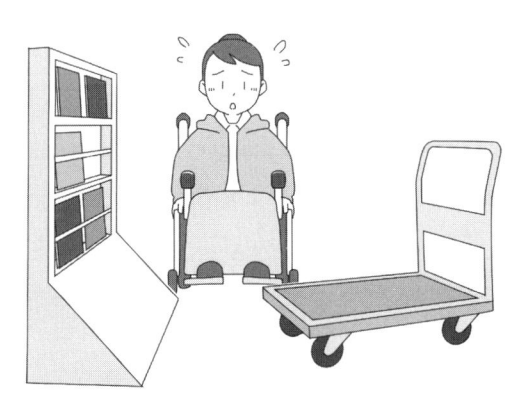

> 絨毯：絨毯とカーペットは、基本的には同じものである。しかし、業界によっては、毛足が長くてふかふかしているものを「絨毯」、毛足がループ状になっているものを「カーペット」と呼ぶこともある。

> 動線（どうせん）：人がある範囲を動くさいに、自然に通る経路を線で表したもの。会場などを設計する際には、参加者の行動パターンを予測し、この動線を特に考慮する必要がある。これを、「動線計画」という。また、計画段階で、特に誘導するために予測し、ルートを計画する場合には、「導線」と書くこともある。

第2章　すべての人に届けるためのユニバーサル・アクセシビリティ

④疲れない通路

　高齢だったり、子どもを抱っこしていたり、心臓や肺といった内部障がいがあったりすると、若くて元気な人にとってはずっと歩ける会場でも、腰を下ろして休める場所が必要です。

　長い通路、広いエリアには、高齢者でも子どもでも利用しやすい腰かけられる場所を、設計の段階から計画に入れておくとよいでしょう。

◀使う人が高さを選べる水飲み場

● 自分がしない行動を想像する ●

　「イベントには想像力が必要です」。

　フラット・ナビ（117ページ参照）の開発に協力している株式会社フォネックス・コミュニケーションズの石田氏はこう言う。イベントでの事故は、予測が不十分だったときに発生する。そして、「まさか、この手すりに子どもがよじ上るとは思わなかった」「まさか、車いすでこの通路を通ろうとするとは思わなかった」などという関係者の声を耳にするのだ。

　例えば、「右向きに矢印があったら、右に曲がる」のを当然だと思いがちだが、「右向きの矢印があったら、逆に左に行ってみよう」という選択をする人がいるかもしれない。同様に、長く歩けない高齢者はここに座り込むかもしれない、目線が低く体が小さな子どもはここに潜り込むかもしれない、車いすの人はここが通れないかもしれない、目の見えない人はここで曲がれないかもしれないなど、人はどこで、どのような行動をとるだろうか、ということを思いきり想像することが、よい会場づくりの条件だという。

　また、同氏は言う。

　「**会場をつくるとき、その担当者は、実際に車いすに乗って、ひと回りしていますか？ 会場内に点字ブロックを貼ったら、実際にアイマスクをして、その上を歩きましたか？**」

　想像しきれない部分は、こうして体験して補うこともまた、重要なことである。

⑤視覚障害者誘導用ブロック

視覚障がいのある人が一人で歩くときに頼りにするものが、通路に敷かれた**視覚障害者誘導用ブロック**です。一般的には、「点字ブロック」と呼ばれており、このテキストでも、以降「点字ブロック」と表します。

点字ブロックには、大きく2種類があります。

> **点字ブロックの種類**
> a. 誘導ブロック……移動の方向を示す線状ブロック
> b. 警告ブロック……注意や警告を示す点状ブロック

点字ブロック：安全交通試験研究センターが開発した製品の商標だが、現在は総称として広く使われている（このテキストでも、「点字ブロック」で表記している）。

もっとも多く使われている色は濃い黄色です。しかし、黄色で並んだ点字ブロックが、イベント会場の景観を壊すといって設置されなかったり、床と同じ色の点字ブロックが敷かれたりすることもあります。

しかし、点字ブロックは、全盲（まったく見えない人）だけが利用しているわけではありません。弱視の人にとって、景観に溶け込んだ点字ブロックは見逃しやすく、利用しにくくなります。また、車いす使用者、杖利用者、ベビーカー利用者、大きな荷物を持った人、高齢者などにとっては、上を通りにくいので避けたいところですが、床と同じ色だと見分けがつきにくく、その上を歩くことになってしまうなど、別の不便さが生まれます（▶）。

今、点字ブロックに対する理解も進み、どのような会場であっても、黄色い点字ブロックが置かれていることを、自然な景色として受け止める人が増えてきました。点字ブロックは、あって当たり前のこととして取り組みたいものです。

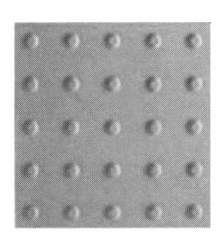

▶ **Let's think it over!**

100%の人にとって便利なユニバーサルデザインは、目標でありますが、なかなか存在はしません。点字ブロックも下のような問題を抱えています。

- その上を歩く、目が見える人とっては、歩きづらい。
- 会場デザインにある程度の妥協が求められる。
- 世界共通ではない。

あなたは、100%でないものは用いませんか？
用いますか？
それはどうしてですか？

a. 誘導ブロック　　　b. 警告ブロック

（2）段差への対応

段差をつくるのには、主に次のような理由があります。

```
段差をつくる理由
・ 個人の場所（家）と公共の場所（道路など）を明確に分けるため
・ 雨などが入り込まないようにし、水はけをよくするため
・ 空間活用の場を生み出し、土地面積を有効に活用するため
・ 他者の侵入を防ぎ、安全を確保するため
```

段差には、このような役割がある一方、車いすや杖を利用する人、幼児がいてベビーカーを使う人、そして高齢者にとって、移動しづらいという不便さも引き起こします。

段差解消のために、スロープをつける、昇降機をつけるなどの方法が有効です。

● 車いすを使う人 ≠ 階段は使えない人 ●

Yさんは、車いすを利用している。

駅に行くと、駅員がすぐにサポートに出てきて「4番線ですか？ ではご案内します」と車いすを押し始めた。長いコンコースを通り、一度2番線に入り、そこからエレベーターを使って……、20分ほどかかって4番線に着いたときには、乗りたかった電車は行ってしまった後だった。でも、Yさんは駅員にお礼を言って、次の電車を待った。

友人たちと旅行に行った。ホテル入口にはスロープがない3段の階段があった。ホテルのスタッフがやってきて、「車いすのお客さまは、こちらからどうぞ」と、建物裏にあるスロープ付きの裏口に案内された。友人たちがフロントで受付を済ませたころ、Yさんはようやくロビーにたどり着いた。

実はYさんは5分程度なら歩くことができた。心肺機能が弱く、速く長く歩けないので、車いすを利用していた。車いすから降りて、ゆっくり上れば、階段のほうが早いこともある。しかし、いつも黙って、「こちらへどうぞ」というサポートを受け入れている。

「だって、"歩いて上れます"と言うと、"だったら、なんで車いすなんて使っているの"と、冷たい態度になります。それが嫌で、言い出せません」。車いすを使っていても、状況は人それぞれ。サポートの方法も人それぞれ。

まず、「いかがいたしますか？」とたずねてほしいと言う。

①スロープによる段差の解消

　イベント会場にある段差は、誰にとっても危険です。車いすを利用していなくても、展示物に気をとられていたり、照明が暗かったり、会場内が混んでいたりなどすると、段差に気づきにくく、つまずいたり転んだりする原因になります。

　段差を解消するスロープは、こうした危険を未然に防ぐだけでなく、ベビーカーを押している人やキャリーバッグ（キャスターのついたカバン）を持っている人など、いろいろな人が通りやすくなります。

　スロープは、ただ設置すれば使いやすいわけではありません。次のような基準があります。

> スロープの基準
> - スロープ勾配は12分の1以下とする。（15分の1以下が望ましい）
> - 建物の入口階段の横などに設置する「折り返しのあるスロープ」の場合の踊り場は150cm×240cm以上の広さが必要である。
> - スロープの両側の壁に「連続手すり」を設置する。

▲勾配に基準がない海外のホテルの入口。せっかくスロープがあっても、急勾配すぎて、一人で上ることができないだけでなく、かなりの力がないとサポートもできない

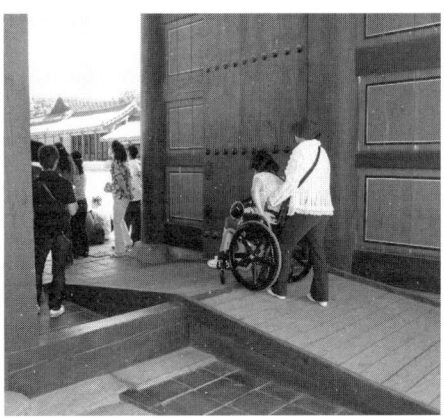

▲階段でない場所でも、スロープが必要な場所はあちこちにある。写真はお寺の山門

第2章　すべての人に届けるためのユニバーサル・アクセシビリティ

②エレベーター・エスカレーター
　エレベーターもエスカレーターも、階段を利用することなく階を行き来できる優れた設備です。費用もかかりますが、長期にわたるイベント会場では設置も必要でしょう。

エレベーターのユニバーサルな仕様

【主に車いす使用者への対応】
- 低い位置でも操作できる専用操作盤を、床上約800mmに設置
- 背面側に鏡を設置（奥行きや出入口の様子を、方向を変えずに確認するため。高強度ガラスで床上500mmに設置）
- カゴとのりばの隙間を10mm以下に施工（車いすの前輪脱落や杖が挟まるのを防止）

【主に視覚障がい者への対応】
- 操作盤に、階数がわかるよう点字を貼付
- エレベーターの床に点字ブロックを設置
- 開く扉の方向案内や階床案内などを知らせる音声システム導入
- ドア開放時間を通常より長く設定
- ボタンを押すと、「ピッ」と操作確認ができる電子音の導入

【主に聴覚障がい者などへの対応】
- 聴覚障がい者専用の故障時対応ボタンの設置
- 定員超過の際の過荷重ブザーを、ライトでも表示

【主に高齢者などへの対応】
- 直径38mmの丸パイプ（手すり）を床上約800mmの位置に2方向設置
- 椅子の配置（椅子の中には飲料や簡易トイレなど、非常時用備品が入るものもある）

◀あるモダンなビルのエスカレーター操作盤。6、7階はオフィスフロアのために、下の円内にボタンがある。
点字はついていないので視覚障がい者がこのエスカレーターを使用する際には、サポーターが必要となるが、実は見えている人も、はじめは戸惑うデザイン。

▲車いすのまま使用できるエスカレーターもある。

● エレベーターに一人で乗るのは怖い ●

聴覚障がいがあるKさんは「エレベーターは、決して一人では乗らない」と言う。

もし一人でエレベーターに乗っているときに地震が起きて止まってしまったら、どうやって自分がエレベーターに一人で取り残されていることを外部に伝えたらよいのだろうか。ほとんどの非常用ボタンは、それを押すと電話で外部と連絡がとれる。しかし、聴覚障がい者にとって、電話だけでは外部との連絡手段がないのと同じである。

羽田空港国際線ターミナルのエレベーターでは、そうした聴覚障がい者の不安を解消している。周りが透明で、中に乗っている人が外から見えるように配慮されている（写真左）。そして、エレベーター内の非常ボタンが2つ並んでいる（写真右）。

右側のボタンは、今までの普通のボタン。聴こえる人はこのボタンを押せば、外部の人と話せる。画期的なのは左のボタンだ。

「聴覚障害者の方は押してください。押し続けると係員が来ます」と書いてある。

そして、エレベーターの壁は透明で向こうが見える。係員が駆けつけて、手話や筆談でコミュニケーションがとれるのだ。もちろん、中の人も係員が来たことが見え、安心できる。

この配慮は、聴覚障がい者にとって嬉しいだけでなく、日本語のわからない外国人や、脳性まひなどでうまく話せない人、狭いところが苦手の閉所恐怖症の人にとっても安心な配慮ではないだろうか。

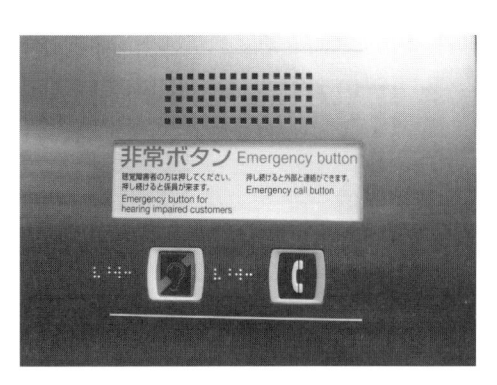

第2章　すべての人に届けるためのユニバーサル・アクセシビリティ

2．誰でも使えるトイレ

車いすでも、子ども連れでも、盲導犬と一緒でも、誰でも使えるトイレを、**多機能トイレ**といいます。

車いすを使用する多くの人が、レストラン、アミューズメントパーク、美術館などに出かける際は、インターネットや電話での問合せで、利用可能なトイレがあるかどうかを確認してから出かけるといいます。それほどトイレは重要な意味があるのです。

多機能トイレは、赤ちゃんのおむつを換えるためのベビーベッド、**オストミー（人工肛門・人工膀胱）のための洗浄器具**、大型の荷物置台、車いすから便座に移るための手すり、などを備えてあるトイレで、車いすやベビーカー、盲導犬ごと入れる広いトイレのことをいいます。

誰が使ってもよいのですが、基本的には、一般のトイレを使うことが難しい、車いすやオストメイト、盲導犬を使う方が、優先的に利用できるようにしたいものです。

その施設にどのような設備が整っているのかは、図表2－4のような**案内用図記号（ピクトグラム）**で表します。多機能トイレがない施設でイベントを開催する場合には、主に2つの方法で多機能トイレを設置します。

多機能トイレ：他にも、「多目的トイレ」、「誰でもトイレ」、「ユニバーサルトイレ」、「みんなのトイレ」など、場所によっていろいろな表示がされているが、このテキストでは、「多機能トイレ」と表していく。

オストメイト：オストミーを装着している人のことをいう。

ピクトグラム：案内用図記号、絵文字、ピクトグラフ、ピクトサインなどと呼ばれる。公共の場で、何らかの情報や注意を示すために表示される視覚記号。誰にでも伝わりやすい単純化されたデザインが特徴。
下は、男女のトイレを表す案内用図記号。

図表2－4　多機能トイレの案内用図記号例

第4節　施工のアクセシビリティ

多機能トイレがない場合
①既存のトイレを多機能トイレに改造する(▶)。
②レンタルなどで仮設の多機能トイレを設置する。

▶ **Let's think it over!**

多機能トイレにするためには、コストもかかります。短期間のイベントに、多機能トイレを設置する予算をとることが難しい場合もあるでしょう。

あなたが、商店街を中心とした地域イベントを2日間行うと仮定しましょう。そのとき多機能トイレの設置ができなかった場合、あなたなら、どのように対応しますか？

参考＞左写真

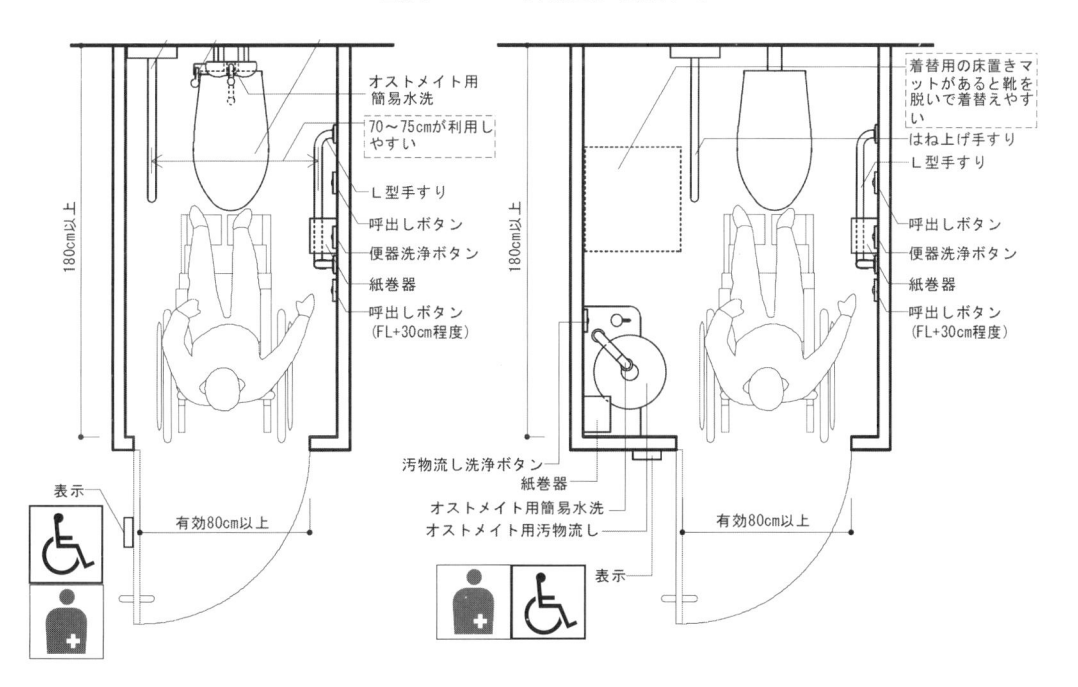

◀ 小さい子どもの参加者が多数を占めるあるイベントにて。トイレで手を洗う台が、子どもにとって高かったので、すべてのトイレに踏み台を置いた。
少しのコストで、子どもに対応した例。

図表2－5　簡易型多機能トイレ

出典：国土交通省編「高齢者、障害者等の円滑な移動等に配慮した建築設計標準」
　　　人にやさしい建築・住宅推進協議会

第2章　すべての人に届けるためのユニバーサル・アクセシビリティ

3．その他の施工のアクセシビリティ

①障がいのある人のための駐車場

　多くの車いす使用者が自動車を使っています。車いす用の自動車に乗せてもらうだけではありません。手元で運転できるように改造した自動車で、自分であちこち出かける人もたくさんいます[▶]。

　イベント会場には、**身障者用駐車スペース**を設けることも必要となります。車いす使用者だけではなく、歩くことに困難がある高齢者も使用しますので、会場入口の近くにするとよいでしょう。寸法などは、図表2－6を参考にしてください。

> ▶ Let's think it over!
> 車いすの使用者は、花火大会や大規模イベントに行く場合、選べる場合は電車ではなく車を選びます。どうしてだと思いますか？
>
> 参考＞107ページ

▲悪い例：車から降りるときは、まず車いすを車から出す。写真は、車いすを下ろした場所が、段差になってしまっている駐車場。

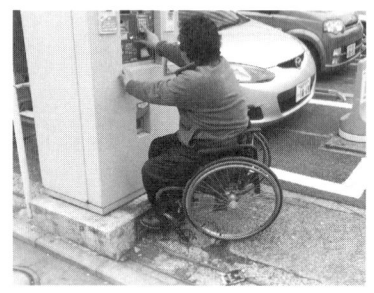

◀悪い例：駐車場料金を払う機械は、駐車場の端に設置されていることが多い。写真は、斜面のうえに、段差もある例。車いす使用者は、機械をしっかりと手で握って身体を支え、車道に落ちないようにしている。上体に力が入らない人は使えない。

図表2－6　身障者用駐車スペース

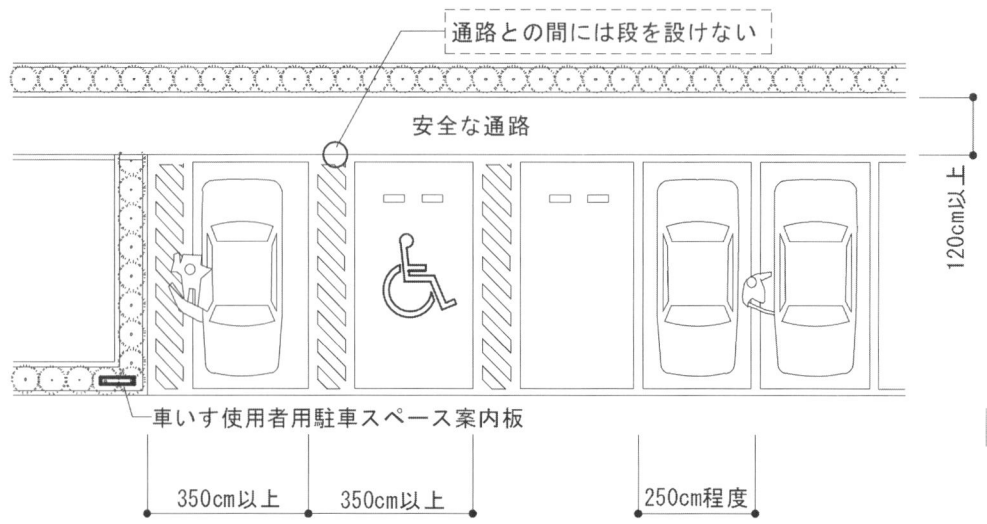

通路との間には段を設けない
安全な通路
120cm以上
車いす使用者用駐車スペース案内板
350cm以上　　350cm以上　　　　250cm程度

出典：国土交通省編「高齢者、障害者等の円滑な移動等に配慮した建築設計標準」人にやさしい建築・住宅推進協議会

②車いすに乗ったままでも開けやすいドアを考える

　車いすを利用する人は、歩けないだけではなく、手にも不便さがある人が少なくありません。そのため、手首の回転が必要なドアノブのドアや重たい扉の場合、開けられないこともあります。

　ドアは自動ドアであることが望ましいでしょう。しかし、自動ドアであっても、ガイドレールの溝が広く開いていると、車いすの前部にある小さな滑車がはまってしまう可能性もあるので、導入の際には確認をすることが大切です。

　自動ドアではない扉は、引き戸やドアレバーが望ましいでしょう。頸椎損傷など上体に力が入らない人の場合、ノブを回しながら前後に動かすことも難しくなります。そのため、引き戸のほうが使いやすいドアとなります。さらに、磨りガラスや素通し部分があると、向こう側に人の有無がわかり、より安全性が保たれます。

● 車いす使用者は、手に不便がある人も多い ●

　車いすを使用している人は、頸椎損傷や全身の脳性まひ、筋力が低下する筋ジストロフィーなど、足だけでなく手にも不便さがある人が多い。

　イベント会場にもドアはある。まず、もっとも利用する可能性が高いのはトイレのドアだ。その他にも救護室、非常口などドアは多い。一度、ぜひ車いすに乗って、こうしたドアを開けてほしい。手に不便さがなくても、低い位置から座ったまま開けるために、力が入りづらいので、普段よりも重く感じるだろう。

　ノーマライゼーションの意識が高いカナダのバンクーバーでは、2014年に新築の建物では、昔ながらの回すタイプのドアノブではなく、レバータイプのものを設置しなければならなくなった。回す力の弱い子ども、高齢者、リウマチなどの関節炎がある人など、多くの人にとって、ドアを開けやすくすることが目的である。

　このドアは、荷物をたくさん抱えていても、レバーを押し下げ、体で押すことによって開けることができる。そうした人が開けやすいドアは、誰にとっても開けやすくなる。

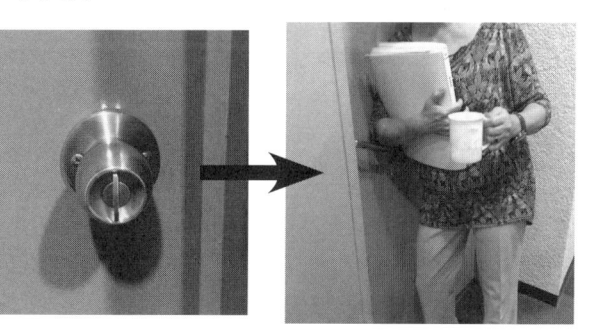

第2章　すべての人に届けるためのユニバーサル・アクセシビリティ

第5節　サインのアクセシビリティ

　駅を降りると、「○○祭り→200m」と書いてある看板が立っています。看板に従って歩いていくと、イベント会場にたどり着きます。会場の入口には「受付」というプレートがあり、見上げると「料金表一覧」があります。チケットを買って「入場ゲート」と書いてある入口から、会場内に入るとすぐに、会場の大きな「会場マップ」が立っていました。どこに行こうか考えていると、"10時より、西エリアでパレードが始まります"という「アナウンス」。そこで、「西エリア→」の表示に沿って歩いていくと、途中に「トイレのマーク」があったので、寄っていくことにしました。

sign: 1. a mark, symbol, etc used to represent something. 2. a board, notice, etc that directs somebody towards something, gives a warning, advertises a business, etc. (Oxford Dictionary)

サイン：1. マークやシンボルなど、何かを示したもの。2. 警告や商業広告など、人に何かを伝えることを示した板や通知など。

　「　」が、イベントのサイン（Sign）です。
　代表されるサインは、「看板」ですが、看板だけでなく、マークや音声案内といったものも含まれます。
　例えば、しゃれたデザインの案内表示があっても、ひと目でわからなければサイン（情報）にはなりません。外国語だけで書かれていて読めなければ、それもサインではありません。**初めての場所でも、誰にもたずねなくても、サインをたどると行きたい場所にたどり着ける役割をもつものが、サイン**なのです。

　駅に入れば、すっと目に留まる案内表示。受付で見上げると自然に目に入り、読むことができる料金表。イベント参加者が、**瞬時に直感的に必要な情報をつかみ、スムーズに移動や利用ができるもの**、それをサインといいます。

1．イベント会場のサインの基本

　もし、イベント会場に何もサインがなければどうでしょうか？　まず、どこから入ればよいのかわかりません。無事に入場できても、どこに行けばよいのかわからず、不安になります。ドア、通路、壁など、こうした空間が人に与えることができる情報は、ほんのわずかなのです。

第5節　サインのアクセシビリティ

　人間は、**情報があってはじめて行動できる**という特性があります。得られた情報によって、判断し、行動するのです。つまり、情報がないと行動ができないといえるでしょう。だから、ほとんどの人が初めて訪れるイベント会場には、サインが必要なのです。

● 感覚的・瞬間的にわかることが大切 ●

　空港の3つのサインを見てみよう。

左下：各フロアに、無機質な数字だけではなく、動物の絵が描いてある。数字の感覚がまだつかめていない小さな子どもだけでなく、大人にとっても記憶に残りやすい。

右上：出発と到着の飛行機の角度が違う。直感的に上向きが出発、下向きが到着と判断できる。

右下：この分別ゴミ箱は、文字だけでなく、ビンや缶のイラストが描かれている。外国人でも子どもでも、自分が今、手にしているゴミをどこに捨てればよいのか瞬間的にわかる。

　空港は、いろいろな世代やさまざまな文化をもった人が集まる場所であり、使用される言語も違う。どのような特性がある人でも、そのサインを見ると「感覚的・瞬間的に判断できる」ことが、大変重要である。

2．サインの種類

サインには、次の4種類があります。それぞれの役割を理解すると、効果的な配置が考えられるようになります。

4種類のサインの役割
①位置サイン
　施設の名前やその役割を表すときに使います。
②誘導サイン
　施設などがある方向を、矢印や番号などで示しています。
③案内サイン
　利用状況や位置関係などを知らせるためのサインです。
④規制サイン
　行動を制限したり指示したりするために必要なサインです。

これらを壁に貼り付ける、床に置く、天井から吊り下げるなど、いろいろな設置方法を用い、自然に読めるように配置していきます。

役割や配置場所などを組み合わせることで、さらに情報効果を高めることができます。

会場の入口に大きく置かれた、展示会の看板▶

▲ホテルの部屋のドアに貼り付けられた、部屋番号の凸文字

仮設舞台裏の車いす移動可能通路の誘導案内サイン▶

第5節　サインのアクセシビリティ

3．誰にでも理解できるＵＤサイン

　サインは情報を提供する手段です。目が見えなくても、外国人でも、情報を得ることができるサイン＝ＵＤサイン（ユニバーサルデザイン・サイン）とは、どのようなものかを考えていきましょう。
　それを実現するには、次のような要素が必要となります。

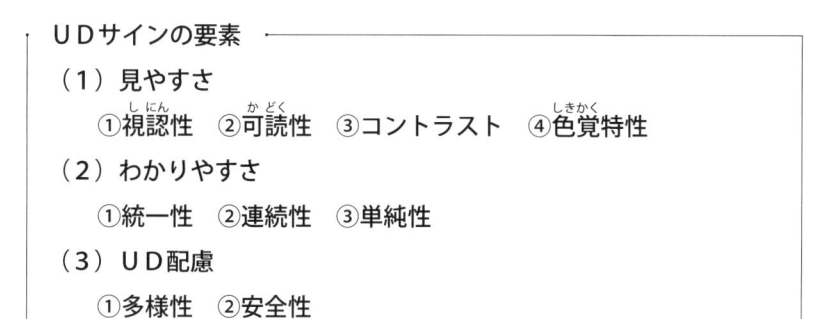

```
ＵＤサインの要素
（１）見やすさ
　　①視認性　②可読性　③コントラスト　④色覚特性
（２）わかりやすさ
　　①統一性　②連続性　③単純性
（３）ＵＤ配慮
　　①多様性　②安全性
```

図表２－７　ユニバーサルデザイン・サインの要素とチェックポイント

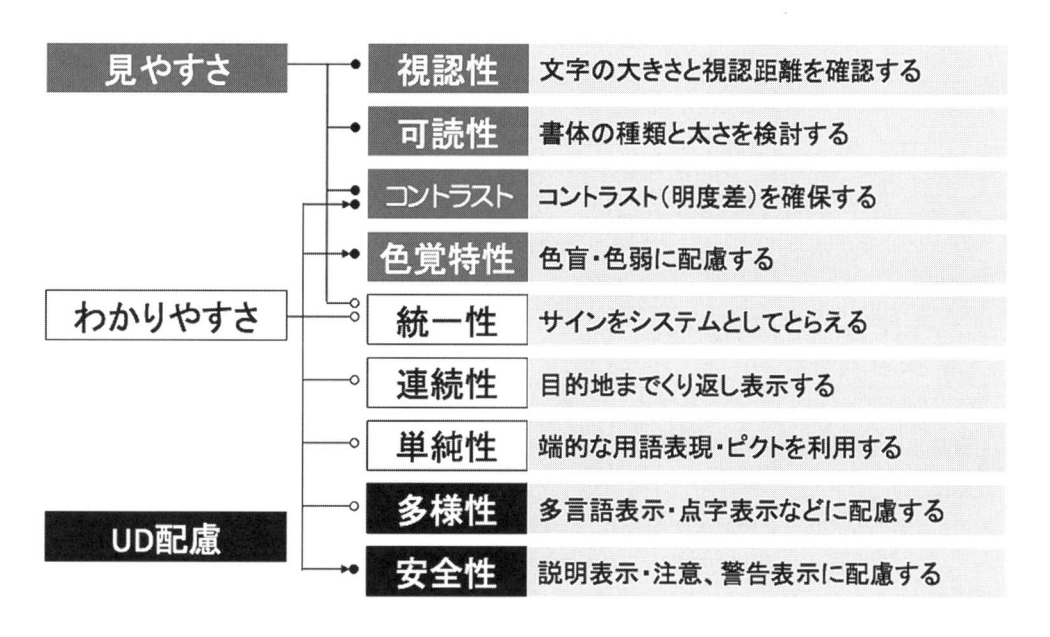

分類	要素	チェックポイント
見やすさ	視認性	文字の大きさと視認距離を確認する
	可読性	書体の種類と太さを検討する
	コントラスト	コントラスト（明度差）を確保する
	色覚特性	色盲・色弱に配慮する
わかりやすさ	統一性	サインをシステムとしてとらえる
	連続性	目的地までくり返し表示する
	単純性	端的な用語表現・ピクトを利用する
UD配慮	多様性	多言語表示・点字表示などに配慮する
	安全性	説明表示・注意、警告表示に配慮する

引用：「サインのＵＤ」児山啓一

第 2 章　すべての人に届けるためのユニバーサル・アクセシビリティ

（1）サインの見やすさ

平成 18 年に　厚生労働省が実施した「身体障害者実態調査」によると、身体障がい者は、全国で約 348 万 3,000 人。その 8.9% にあたる約 31 万人が視覚障がい者。さらに、全盲あるいはそれに近い視力となる等級 1 級をもつ人は、11 万人といわれている。
また、ＩＴの発達で、音声によりデータを読み上げる読み上げソフトが発達し、点字を読むことができる人も減少傾向にあり、視覚障がい者全体の 12.7% 程度となっている。

「視覚障がい者には点字を貼ればいい」と単純に考えるのでは十分ではありません。矯正できない（眼鏡やコンタクトで視力が得られない）近視の人、白内障の高齢者、色がわかりにくい色覚特性のある人、視野狭窄（見える幅が極端に狭い）の人など、見えにくさは千差万別です。

こうした人たちの多くも見えやすいように工夫されたサインを配慮することが大切です。

①視認性

視認性とは、"表示の見やすさ"のことをいいます。サインに書かれた文字は、小さすぎると読むことができません。視認性を上げるためには、看板や案内板の**文字を大きく**することがもっとも効果的です。

図表 2 − 8　バリアフリー整備ガイドラインが推奨する文字の大きさと
視距離と視野範囲の関係

視距離	文字の大きさ（和文）	文字の大きさ（英文）	左右各 30 度の視野範囲
30m	120mm 以上	90mm 以上	約 34.0m
20m	80mm 以上	60mm 以上	約 23.0m
10m	40mm 以上	30mm 以上	約 11.5m
4 〜 5m	20mm 以上	15mm 以上	〜約 5.8m
1 〜 2m	9mm 以上	7mm 以上	約 1.2m 〜

▲一般に和文（漢字）は一つひとつの画数が多いため、英文よりも認識しにくくなる。このため、見やすい文字の大きさは、和文：英文は 10：7.5 になるといわれている。

視野範囲とは、人間が無理なく見える水平方向 ▶ の視野で、左右各 30 〜 45 度といわれている。この範囲で収まっている情報は、歩きながらでも直感的に理解しやすいといわれている。
右のイラストは、グレーの範囲が見えにくくなる。

参考：『JR 日本サインデザインマニュアル 2014』
　　　西日本旅客鉄道株式会社　監修　アイ・デザイン

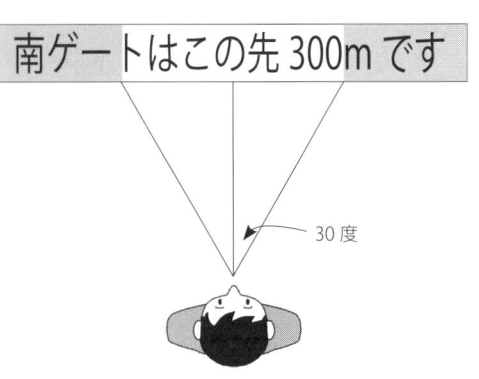

第5節　サインのアクセシビリティ

②可読性（かどく）

　可読性は、"文字の読みやすさ"のことです。ユニバーサルデザインフォントなどの名称で、各フォント取扱いメーカーによって、見やすさや読みやすさを追求した書体（フォント）の開発が盛んに行われています。

　また、文字と文字の間をゆったりととると、識別性が高まります。

左：ヘルベチカ
特に、「C」や「6」など文字の形に違いが見られる。

右：フルティガー

左：ヘルベチカの3の使用例

右：フルティガーの3の使用例

フルティガー体：従来、英文書体ではヘルベチカ体が多く用いられていた。フルティガー体は、1968年にデザイナーのフルティガーがシャルル・ド・ゴール空港の案内標識のデザインを依頼されたさいに製作。遠くから見たときの識別性に優れ、案内用標識などに多く用いられるようになった。

③コントラスト

　コントラストとは、画像や画面の、**暗い部分から明るい部分までの幅**をいいます。"コントラストが高い"とは、明るい部分と暗い部分の差が大きいことをいいます（図表2-9①）。逆に"コントラストが低い"とは、その差が少なく、中間調が多くなります（図表2-9②）。

　色の見え方に特性がある人（次項「色覚特性」参照）や高齢者には、コントラストが高いほうが、サインは見やすくなります。もっとも高いコントラストは、黒と白の2色（図表2-9①）です。

　イベント会場の指定色、テーマカラーなどがあり、コントラストを低くする必要があるときは、図表2-9③のように、白枠などを使用する

図表2-9　コントラスト3種類

①文字が白で背景が黒で
　もっとも見やすい　　　▶　出口 300m

②文字も背景も濃さは違う
　がグレーになっている　▶　出口 300m

③②と同じ文字だが、白
　で縁取りされている　　▶　出口 300m

引用：「サインのUD」
　　　児山啓一

61

第2章　すべての人に届けるためのユニバーサル・アクセシビリティ

などの工夫が必要になります。

④色覚特性

C型：一般色覚型ともいい、色を感じる3種類の錐体細胞（視細胞の一種）がすべて揃っている。
P型：赤を感じる錐体がない。
D型：緑を感じる錐体がない。

　見えにくい色のサインなんてあるわけがない、と思った人がいるかもしれません。実は日本人の場合、男性では20人に1人、女性では500人に1人の割合で、眼科による検査で色の見え方が異なっているとされる人がいます。黒地や緑地に赤い文字で書かれたものは、まったく見えなかったり、見えても図表2－9の②のように見えにくくなります。

視界黄変化：高齢になると、全体的に黄色みがかって濁って見えることをいう。

　高齢になると、全体的に黄色みがかって濁って見え、その結果サインが見えにくくなる人もいます。
　危険な箇所や施設の配置を示すためには、より多くの人にわかりやすい配色を施すことに加えて、形や記号などがはっきりと遠くからでもわかるように、プラスアルファの情報を加える必要があります。

● 色の見え方を客観的にチェックする方法 ●

　一般色覚型であれ誰であれ、人間は他人が色をどのように感じているのかはなかなか想像しづらい。そこで、その手助けとなるツールを紹介しよう。

○バリアントール
　P型やD型の色覚の人がどのように見えているかを体験できる眼鏡。実際の使用環境に持参してテストできるのが便利である。

○データチェックソフトウェア
　作成中のポスターやチラシなど、出力紙になる前にデータのうちにチェックできるソフトウエア。
・「Uding」…東洋インキが開発・配布しているツールで、見分けにくい色をチェックしながら配色できるソフト。
　　　　　http://www.toyoink.co.jp/ud/
・「ImageJ」＆「VischeckJ」…この2つのソフトを組み合わせてシミュレーション画像を作成する。どちらも無料で配布。
　　　　　http://rsb.info.nih.gov/ij/
　　　　　http://www.vischeck.com

○色覚シミュレーションモニター
　表示をC型、P型、D型という色の見え方に変えられる。データ変換をせずに画像チェックができるうえ、動画のチェックもできるという強みがある。
　　　　　http://www.eizo.co.jp

（2）わかりやすさ

サインのわかりやすさを考える場合、統一性、連続性、単純性というシステム的な視点が重要になります。

①統一性

例えば、有名な会社のロゴが青い海の色だったとしましょう。イベント会場で、その企業のパビリオンを示すサインが青色だったら、そこに行きたい人はすぐに目に留まるでしょう。パビリオンのテントも青い縁取り、そこでもらえるパンフレットも青が基調になっているデザイン……。統一性は、来場者に確かにその企業とのアクセシビリティを高めます。

さらに俯瞰的な統一性を考えるならば、日本中のほとんどの公衆トイレのマークは、男性がスーツ、女性はスカートを身につけた形をしています。

企業内で、イベント会場内で、国での統一など、その規模はいろいろです。統一が進むほど、わかりやすさが高まります。

> 国内で統一する場合は、国家標準となり、JIS(Japanese Industrial Standard) によって規定される。国際的に統一する場合は ISO が標準となる。

> サイン、マークなどは、国際規格として統一することが望ましいが、地域特性や慣習の違いなどですべてが可能になるとは限らない。現在、日中韓3カ国で、お互いの観光活性化を目標にアジアに必要な図記号を開発している。

● ピクトサインのグローバル化 ●

2020 年の東京オリンピック・パラリンピックに向けて、日本は大きな注目を浴びている。以前にも増して多くの旅行者が海外から来日することになるだろう。

これを受けて、経済産業省は、2014 年 7 月に、外国人観光客向けの案内用図記号（ピクトグラム）を日本工業規格（JIS）に追加した。右はそのなかの一つで、ここで靴を脱ぐことを伝えるピクトグラムである。

案内図記号は、2002 年の FIFA ワールドカップを契機として JIS 化されることとなった。

大規模なイベントはグローバル化を推し進め、案内用図記号にも大きなきっかけを与えている。

第 2 章　すべての人に届けるためのユニバーサル・アクセシビリティ

②連続性

　長い通路を歩いていて、「あと 400m」「あと 350m」と書かれたサインがあると、安心して歩けます。そして、そのあと「あと 300m」と続くことを期待します。もし、そのサインが出てこなかったら、どこかで道を間違えたと、すぐにわかります。

　これが、サインの連続性です。**サインは目的地まで連続して案内することで、はじめてシステムとして機能します。**そのためには、コストなどを考えてできるだけ少ない数のサイン配置を考えるのではなく、むしろ重複するほうが、わかりやすさを向上させます。

　イベント会場には不特定多数の来場者が訪れます。そして、人々は決して決められた道だけを動くわけではありません。一見無駄に見えても、寄り道しやすい動線や迷いやすい動線には、サインを配置する余裕をもちたいものです。

③単純性

　イベント会場を訪れる人すべてが、サインに書かれた「受付」「出口」「非常階段」といった文字が読めるわけではありません。

　次のような人には、そのサインの情報を受け取ることが難しいのです。

▶ *Let's think it over!*
「日本語が苦手な聴覚障がいのある人」の意味・理由を考えてみましょう。
参考＞91 ページ

日本語の文字情報に障がいがある例

- 日本語が読めない外国人
- 文字が見えない・見づらい視覚障がいのある人
- 日本語が苦手な聴覚障がいのある人 ▶
- 文字が読めない、難しい漢字が読めない小さい子ども
- 文字が読めない、難しい漢字が読めない知的障がいのある人
- 文字が読みづらいディスレクシアなどの発達障がいのある人
- 老眼や白内障などの見えにくさや理解力の衰えがある高齢者　等

ディスレクシア▶
93 ページ参照

　意外と多くの人が対象となっていることに、驚かれた方もいらっしゃるのではないでしょうか？　そこで、トイレなどよく使われる位置サインや非常口などの重要性の高い誘導サインには、文字を省略しても理解しやすい**ピクトグラム**が用いられます。

　そして、対象者やサインの内容によって、日本語を併用したり、さらに英語表記をつけたりする場合もあります。

第5節　サインのアクセシビリティ

図表2－10　代表的なピクトグラム

? 案内所 Question & answer	i 情報コーナー Information	病院 Hospital	男子 Men	女子 Women
救護所 First aid	警察 Police	お手洗 Toilets	車椅子スロープ Accessible slope	飲料水 Drinking water

出典：公益財団法人交通エコロジー・モビリティ財団
http://www.ecomo.or.jp/barrierfree/index.html

● どっちに入ったらいいの？ ●

「外出先でトイレを使うときは毎回、緊張する」。おしゃれな友人はそう言う。男性用スーツを着ているが『彼女』と呼ぼう。彼女は**トランスジェンダー**である。小さい時から自分の身体に違和感をもち苦しんできた。

トランスジェンダーとは主に、生まれつきの身体的性別と、脳や心で感じる性別が一致していない人のことをいう。体は男性なのに、人形遊びや母親の化粧に興味をもったりして、親から男の子らしく行動するように言われたり、周りと違う行動をからかわれたりして、つらい幼少期を過ごすことが多い。

最近では理解も深まってきたが、まだまだ一般的に受容されているとはいえない。

「トランスジェンダーとわかってほっとした。自分が悪いのではなく、違う性的身体を持つ障がいのひとつだとわかって、はじめて自分を受け入れられた」と彼女は言う。

他にも、レスビアン（L）、ゲイ（G）、バイセクシュアル（B）がある。これにトランスジェンダー（T）を加えてLGBTといい、人権の課題や社会的容認に向けて世界的に受容傾向が高まってきた。

LGBTの人たちが、周りから厳しい視線や言葉を受けずに入れるトイレの工夫はないものだろうか？　新しいトイレのピクトグラムに挑戦できるのもまた、"イベントならでは"ではないだろうか。

第2章　すべての人に届けるためのユニバーサル・アクセシビリティ

（3）UD配慮

①多様性

　ここまでいろいろな、目で見るサインについて学んできました。しかし前述のように、イベントにおけるサインは視覚による情報だけではありません。触覚情報や音声案内などの情報も考える必要があります。

　さまざまな障がいのある人が理解できるように考えると、サインはさらに広がりをもち、UDサインに近づいていくのです。

　ここでは、車いす使用者、視覚、聴覚、高齢者、子ども、外国人、知的障がいなどを取り上げ、それぞれの不便さをまとめてみました。

● なぜ違うのでしょうか？──ジェンダーの意識 ●

　下の写真は、男性用トイレと女性用とトイレ、それぞれの入口にあるサインだ。男性用トイレには、一般的な男性マークが１つしかないことが多いが、父親も小さな子どもを抱っこすることが多くなったので、男性用の個室トイレにも、ベビーチェアが置かれるようになってきた。しかし、下のように「おむつ交換台」が女性用トイレにしか設置されていない場合は、女性しかおむつを替えられない。これは、「おむつ替えは、女性の役目」という、性別による役割の意識に起因する。生物学的性差の男女の違いではなく、このような文化的につくられた性別・性差のことを"ジェンダー"という。ジェンダーもまたバリアのひとつ。男性だから、女性だから、という理由だけで、役割を固定するのではなく、「誰でも」というユニバーサルな意識をもてば、両方のトイレにおむつ交換台を設置する必要性に気がつくだろう。

　最近は、男女どちらにもおむつ交換台が設置されたり、男女の中間に共有スペースとして、どちらも利用できる授乳室が設置されることが多くなってきた。

ベビーチェアが設置されています。
ご自由にお使いください。
Equipped with baby seats.

ベビーチェア、おむつ交換台が設置されています。
ご自由にお使いください。
Equipped with baby seats and diaper changing tables.

第5節　サインのアクセシビリティ

○車いす使用者・子ども
　車いす使用者や背の低い子どもは目線が低いため、高い位置にあるサインが目に入りにくくなります。サインを低めにするか、または図表2－11のように、角度をつけると見やすくなります。

○視覚障がいのある人
　視覚障がいのある人とひと口に言ってもそれぞれです。
　まずまったく見えない全盲（ぜんもう）の人は、目で見るサインは役立ちません。音で聞くサイン（音声ガイドなど）か手で触るサイン（点字や触知図）が、情報を得る手段となります。しかし、点字は全盲の視覚障がい者でも読める人が少なく、また、**触知図もわかりやすいわけではありません。判読にも時間がかかります**（▶）。
　47ページで紹介した点字ブロックも、誘導サインの一つになります。
　弱視の人は、前項で学んだような、見やすいサインが必要となりますが、音による聞くサインも大きな助けとなります。
　色弱の人は、前項で学んだように、色の組合せ（配色）に留意し、コントラストの高いサインが役立ちます。

触知図：視覚障がい者が触ってわかるように作成された地図。凹凸のある線や点字が用いられている。触知案内図ともいう。

▶ *Let's think it over!*
では、触知図は不要でしょうか？　不要でないならば、その理由はなんだと思いますか？

図表2－11　誰もが見やすいパネル表示の高さ

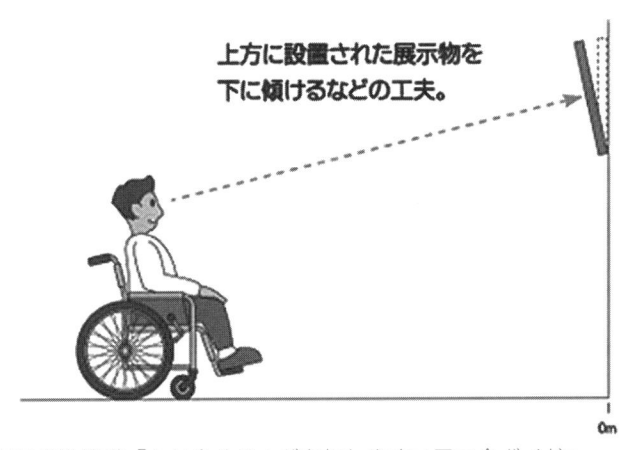

出典：公益財団法人共用品推進機構「より多くの人が参加しやすい展示会ガイド」

第2章　すべての人に届けるためのユニバーサル・アクセシビリティ

○聴覚障がいのある人

　聴覚障がいのある人には、目で見るサインが有効です。生まれつき聞こえない人や言語能力習得前に聴力を失った人のなかには、手話が母語のために、日本語の読み書きが苦手な人もいます。長く難しい文章によって書かれたサインは、正しく読み取るのが難しい人もいるので、絵やピクトグラムを一緒に表示することが効果的です。漢字と読み方が結びつかない場合も多いので、ふりがなを振るのも役立ちます。

　これは、難しい日本語が読めない子どもや知的障がいのある人、日本語が読めない外国人にも理解できる配慮となります。

○外国人

　グローバル化が進み、日本のイベントにも多くの外国人が来場するようになりました。

　イベントを訪れるすべての来場者の母語に合わせてサインをつくることは不可能です。そこで、もっとも来場者として多い日本人に向けた日本語とともに、次にもっとも理解する人が多いと考えられる英語を並記するのが一般的です。

図表2－12　2014年訪日外客数（総数）

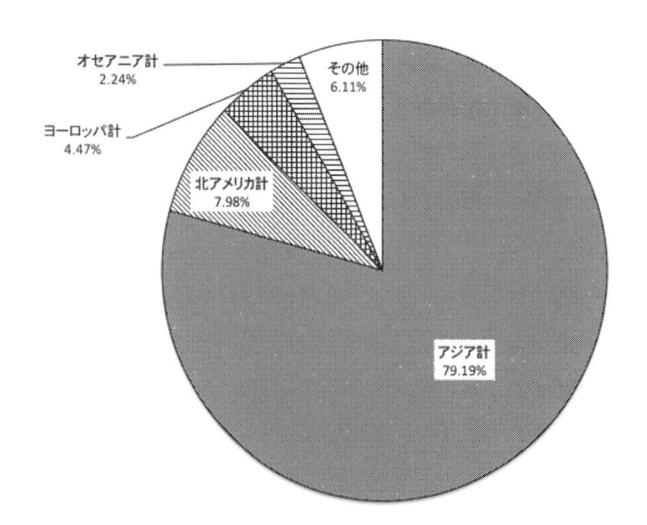

- アジア計　79.19%
- 北アメリカ計　7.98%
- ヨーロッパ計　4.47%
- オセアニア計　2.24%
- その他　6.11%

単位(万人)

	国名	訪日数
1	台湾	283
2	韓国	276
3	中国	241
4	香港	93
5	米国	89
6	タイ	66
7	オーストラリア	30
8	マレーシア	25
9	シンガポール	23
10	英国	22

出典：日本政府観光局（JNTO）

また、日本を訪れる外国人として上位を占める国の言葉として、ハングルと中国語をさらに並記する場合もあります。

　ここで気をつけたいのは、2か国語（日本語と英語）で並べたときと、4か国語（日本語、英語、ハングル、中国語）を並べたときとでは、文字の大きさが異なるということです。板面が同じ大きさの場合、**並記すればするほど、スペースに占める1文字1文字の大きさが小さくなり、読みづらくなります**。いたずらに並記すればよいわけではないことを知っておきましょう。

● 英語のサイン ●

　グローバル化された日本では、英語の表記がなんと増えたことだろう……、そういう声をよく聞くが、本当にそうだろうか？

　実はまだまだ日本人が思う以上に英語の表記は少ないのだ。特にアルファベットに慣れ親しんでいるヨーロッパ圏の外国人はそう感じる。例えばフランス人。英語を知らなくても、スペイン、イタリア、ドイツ、イギリスなど、多くの国を訪れると、そこではアルファベットが使われており、その国の言葉は知らなくても、駅やトイレの表示を見て意味を察することが可能だという。

　ところが日本の場合は、駅や都心部の商業エリア以外で英語表記がされているところは、ほとんどない。中国などの漢字を使う一部の人を除いては、そのレストランが韓国料理店なのか日本料理店なのかもわからないという。アルファベットでないので察しがつかないことの不便さを、旅慣れたヨーロッパの旅行者は改めて痛感する。

　イベント会場では、トイレや非常口の案内があれば大丈夫と思いがちだが、まだ不十分だ。「コーラ」「オレンジジュース」自体は英語であっても、メニューにカタカナで書かれていてはわからない。売店で、カフェインレスを望む人がペットボトルの原材料を見ても、すべて日本語で書かれている。案内のサインはともかく、商品の説明など、すべてに英語を並記することは不可能だろう。

　ある企業では、「英語でTOEIC740点以上は当たり前の採用基準です。日本語、英語の他に、何が話せるかがプラスアルファに求められます」と言う。イベントのスタッフが基本的な英語力をもつことが、これからますます望まれている。

②安全性

イベントでもっとも重要であり、最優先しなければならないのが、この安全性です。サインは、安全のために重要な役割を果たしています。

例えば、段差がある場所、階段の前、坂にさしかかるところなどの危険な場所は、注意・警告のための規制サインが用いられます。しかし、見えない人や見えにくい人、読めない人にとってその警告は役に立ちません。しかし、もし危険な箇所で音声案内装置が入ったら、視覚障がい者だけではなく、うっかり歩いていた人や文字が読みづらい人にとって、大変便利になります。こうした音声案内はことさら大きなボリュームにする必要はなく、他の来場者の耳障りにならない音量で十分でしょう。

また、音による情報が得られない聴覚障がい者は、非常時をとても心配します。なぜなら、危険を知らせるアナウンスや火災などの火災報知器は、音で知らせるものが多いからです。明かりが点滅する非常灯や、内容を臨機応変に変えられる電光掲示板の設置も必要でしょう。

前述では、多言語のサインは、文字が小さくなり、見えづらく読みづらくなると説明しました。しかし、**安全に関わるサインは、文字が小さくなっても多言語でしっかりと情報を書く必要があります。**

多様性を考えたとき、安全性も自ずと向上していきます。

> 規制サインには、禁止や危険を表すもの、注意や警告を表すもの、指示を表すものなどがある。

4．人的支援

ＵＤサインを実現するために、ここまでいろいろな知識を学んできました。しかし、最後にもう一つ加えてほしいものがあります。それが「人的支援」です。ユニバサルデザインは100パーセントの人にとってユニバーサルでないことは、前節で学びました。もちろん、ＵＤサインも同じです。しかし、そこに人的支援が加わると、より100パーセントに近づきます。そして、安全性も高くなるのです。

すべてをハードやサインに任せるのではなく、イベント会場のスタッフが積極的に関わることで、コストを下げ、イベント参加者により多くの感動を届けられることでしょう(▶)。

> ▶ *Let's think it over!*
>
> フランス語しかわからない人が、あなたの関わるイベントに参加したとします。
>
> 会場に、フランス語のサインはありません。パンフレットなども英語しかありません。
>
> どんな場面でどのような人的支援が考えられますか？
>
> 参考＞114ページ

第3章 特性を理解すると見えてくるユニバーサル・コミュニケーション

第6節　動きの障がいがある人を理解する
第7節　情報の障がいがある人を理解する
第8節　理解の障がいがある人を理解する

第3章　特性を理解すると見えてくるユニバーサル・コミュニケーション

◎さまざまな不便さを理解する

　ユニバーサルイベントの実現には、さまざまな人の不便さ、気持ち、求める配慮などを、イベントを提供する側が知っていることが必要です。
　そこで、この章では、それぞれの特性による代表的な不便さを取り上げて学んでいきましょう。

　日本では、「障害者雇用促進法」によって、障がい者を次のように定義しています。

> 障がい者の定義
> 　身体障害、知的障害、または精神障害があるため、長期にわたり、職業生活に相当の制限を受け、または職業生活を営むことが著しく困難な者

障害者手帳▶
31ページ参照

　「障害者手帳」は、本人が希望して申し込み、必要な手続きを経れば交付されます。この交付を受けてはじめて、障害者年金の支給や医療費の控除などの公的支援を受けることができます。イベントの入場料金の障害者割引も、多くの場合がこの障害者手帳を受付に提示してもらいます。

障害者割引▶
154ページ参照

　しかし、例え片足が悪くても、生活に差し障りがなかったり、障がい者と認定されたくない人は、手帳を取得しない場合もあります。

日本の障害者手帳による障がいの区分：
（1）身体障害者
　①視覚障害　②聴覚または平均機能の障害　③音声機能、言語機能、咀嚼機能障害
　④肢体不自由　⑤内部障害（心臓、じん臓または呼吸器の障がいなど等）
（2）精神障害者
　（精神疾患、薬物依存、発達障害等）
（3）知的障害者
　（18歳より前に診断された場合）

　イベントにはいろいろな人が来場します。手帳を持っていてもいなくても、不便さがあったり配慮が必要だったりする人はたくさんいます。そこで、障害者手帳の区分ではなく、イベントを楽しむために共通した不便さがあるのはどのような人々なのかを考え、次の3分類で学んでいきましょう。

> 第3章の区分
> 第6節　動きの障がい……肢体障がいのある人・車いすを使用する人
> 第7節　情報の障がい……視覚障がいのある人・聴覚障がいのある人
> 第8節　理解の障がい……日本語力や脳、情報の障がいのある人　等

● 世界保健機関による障がいの定義 ●

1980年にWHO（世界保健機関）は、次のような「国際障害分類」（ICIDH）を発表した。
①「病気／不調」＝個人の身体的不具合。
②「機能障がい」＝身体的不具合によって生じる一次的な障がい。
③「能力障がい」＝機能障がいによって日常生活の動作が困難になること。
④「社会的不利」＝能力障がいによって社会的な不利益を被ること。

これは、障がい者だけに視点が置かれており、取り巻く社会環境を考慮していない点や、知的障がいや精神障がいが含まれていないという点で批判を受けた。

そこで、WHOは2001年にこれを改訂し、「国際生活機能分類」（ICF）を発表した。そこでは、障がいは、生活行動と社会環境との相互関係によって規定されること、したがって誰でも障がいをもつ可能性があることを明確に打ち出したのである。

このようなWHOの障がいの概念の変化は、ユニバーサルデザインの考え方と軌を一にするものであり、誰もがイベントに来場し楽しめるというユニバーサルイベントの必然性を示すものといえるだろう。

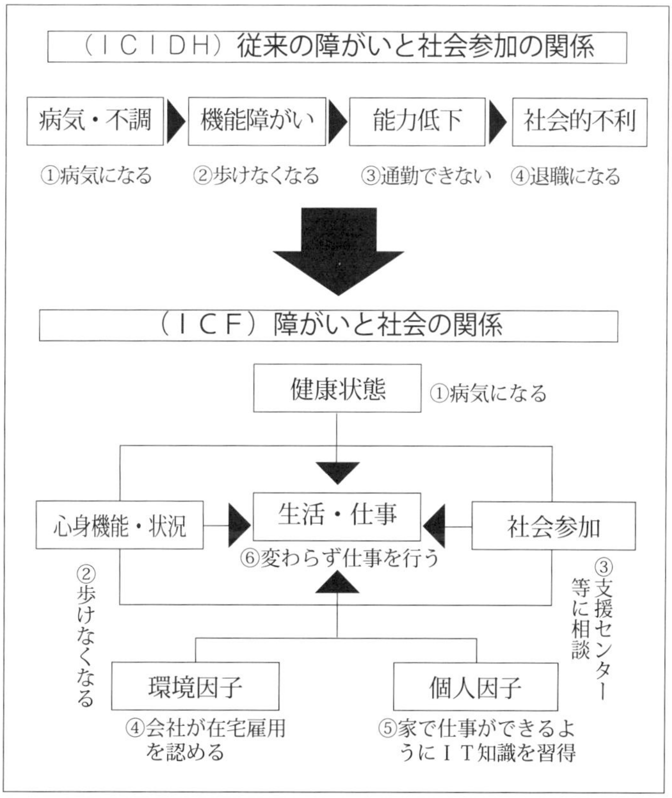

参考：『改訂版 障がい者雇用促進のための119番』UDジャパン刊

図表3－1　障がいの定義の変化

（ICIDH）従来の障がいと社会参加の関係

病気・不調 → 機能障がい → 能力低下 → 社会的不利
①病気になる　②歩けなくなる　③通勤できない　④退職になる

（ICF）障がいと社会の関係

健康状態　①病気になる

心身機能・状況　生活・仕事　社会参加
②歩けなくなる　⑥変わらず仕事を行う　③支援センター等に相談

環境因子　個人因子
④会社が在宅雇用を認める　⑤家で仕事ができるようにIT知識を習得

第6節　動きの障がいがある人を理解する

「身体障害者手帳」3,576千人の内訳
・肢体不自由：50.6%
・内部障がい：30.5%
・聴覚障がい：10.1%
・視覚障がい：8.8%
　（平成18年厚生労働省調べ）

　動きの障がいには、生まれつき、高齢、病気、ケガなど、いろいろな原因があります。また、その部分の直接的な病気やケガではなく、関節の変形や動きの命令を出す脳や脊髄の神経損傷によるものなどの場合もあります。そして、障がいの場所もその不便さも、そのためにしている工夫や求める配慮なども、一人ひとり違います。

　また、「動きの不便さ」を考えると、歩くことばかりをイメージしがちですが、持つことや話すことも、動きに関するものです。歩きの不便さは、第2章第4節の施工のアクセシビリティでの対応が大きな助けになりますが、持つ・話すなどは、スタッフの対応力が求められます。

　イベントを運営するうえで、次のことを知っておきましょう。

動きの不便さの代表的な内容

① 高い所に手が届きにくい。
② かがむことが難しかったり、床に落としたものを拾いにくい。
③ 段差や階段、手動ドアなどが、大きなバリアになりやすい。
④ 言葉が不明瞭になったり、すぐに言葉が出てこないなどで、自分の意思を伝えにくい人もいる。
⑤ 頸椎(けいつい)を損傷した人には、足だけではなく、指先にも障がいがあったり、体温調節ができない人もいる。
⑥ 脳性まひや頸椎損傷で手に麻痺のある人のなかには、小さな文字で記入することが困難な人もいる。
⑦ 長く立っていることが難しく、寄りかかる場所や座る場所が必要になる人もいる。
⑧ 歩くことに不便はあまりないが、立ったり座ったりする動作に不便さがある人もいる。
⑨ 歩いていることを止める、止まっていた手を動かし始めるなど、行動を変えることに不便さがある人もいる。
⑩ 同伴者がいるとき、本人への問いかけなのに同伴者のほうに話しかけられ、本人のプライドを傷つけられることがある。　等

第6節　動きの障がいがある人を理解する

1．歩くことに不便さがある来場者

（1）杖を使う人

　杖を利用するのは、高齢者ばかりではありません。肢体に不自由のある人も利用します。杖を使うと、足の関節の負担を軽減できるだけでなく、足や腰の痛みや、左右の足の長さが違う場合に起こる不均等な歩き方を調整して、歩行の安定を助けます。

　杖を使用すると、**両手あるいは片手がふさがってしまいます**。雨の振る日は傘がさせない、たくさんの荷物が持てないなど、いろいろな不便さがあります(▶)。

　また、**雨の日は足元がとても滑りやすく**、特に危険性が高くなります。

▶ **Let's think it over!**

大きな荷物が1つあり、4歳の子どもと一緒にいます。杖がないと歩けません。雨が降ってきました。どんな状態を想像しますか？　あなたがこの人ならば、何をしてほしいですか？

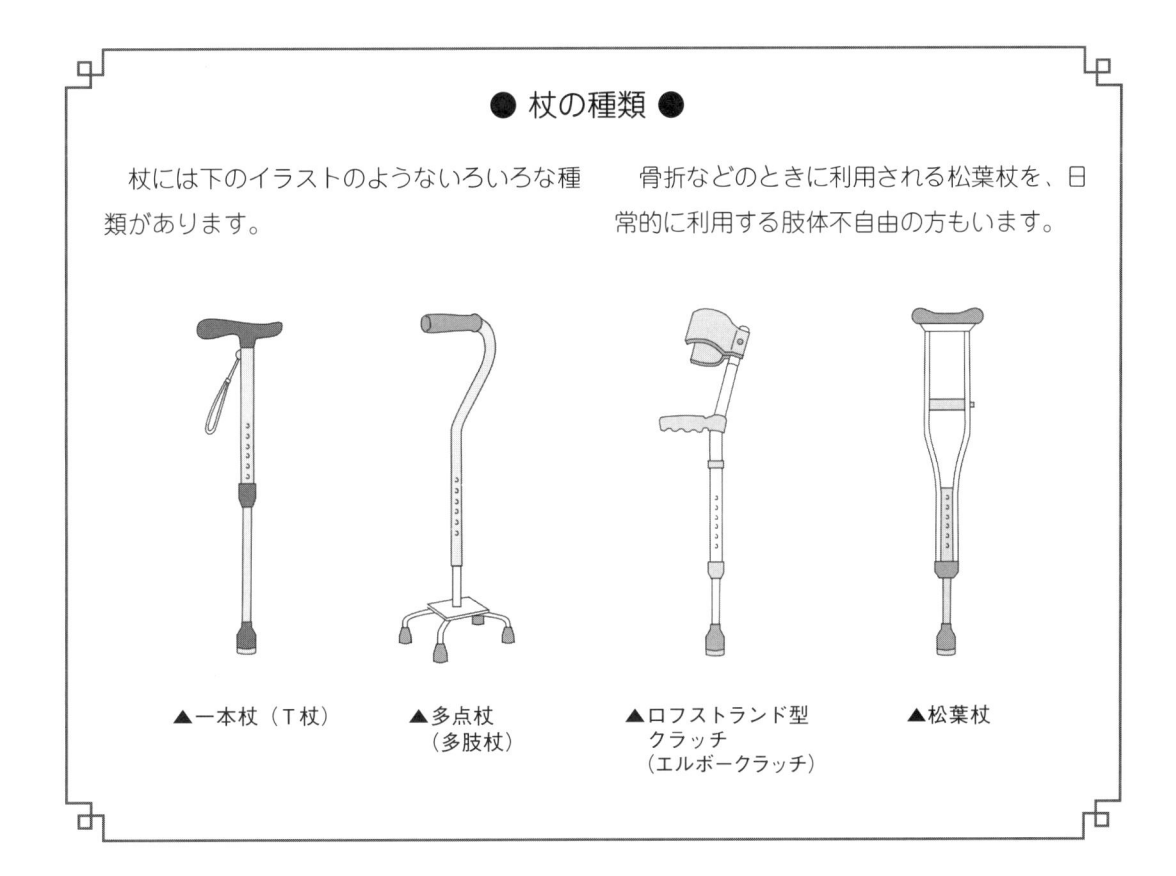

● 杖の種類 ●

　杖には下のイラストのようないろいろな種類があります。

　骨折などのときに利用される松葉杖を、日常的に利用する肢体不自由の方もいます。

▲一本杖（T杖）　　▲多点杖（多肢杖）　　▲ロフストランド型クラッチ（エルボークラッチ）　　▲松葉杖

（2）車いすを使用している人

車いすを使用している人は、**脊髄損傷**や**頸椎損傷**などで歩けない、脳性まひや筋ジストロフィーなどで歩くことが難しい、高齢で歩くことに危険をともなったり、疲れやすかったりなどの特性があります。

頸椎損傷の場合、手の動きにも不便があったり、体温調整ができなかったりする人もいます。

①車いすの種類

自分で車輪の部分を回して車いすを移動させられる人は**自走用車いす**を、腕の力が弱い人は**電動車いす**を使うことが多いでしょう。電動車いすは自走用車いすと比べると、幅や高さが大きいために通れないところが増えたり、自走式なら乗り越えられるちょっとした段差も難しくなったりするなどのデメリットもあります。

自分で動かすことが難しい人は、**介助用車いす**を使用します。この車いすは、同伴者がサポートしやすいように作られています。

> 脊髄損傷：（せきずいそんしょう）。脊損（せきそん）と略して呼ばれることもある。胸や腰から下の背骨の損傷。中に中枢神経があり、上から順に頸椎、胸椎、腰椎、仙椎、尾椎と区分される。損傷箇所が上に行くほど、障がいレベルは高くなる。
> 損傷理由は、外部からの強い力を加えられたことの他に、腫瘍やヘルニアなど内的原因もある。これらの中枢神経は一度損傷すると修復・再生されることはないが、近年 iPS 細胞などによる治療法が期待されている。

● 車いすの種類 ●

最近では、ホイール（車輪の金属部分）に好きな色を使ったり、柄のある布地を使うなど、デザイン性の高い車いすも増えてきた。靴でおしゃれを楽しむように、車いすでもおしゃれを楽しんでいる人がたくさんいる。下のイラストの他にも、スポーツ用の車いすや、オーダーメイドなど、さまざまな形の車いすがある。

▲自走用車いす　　▲電動車いす　　▲介助用車いす

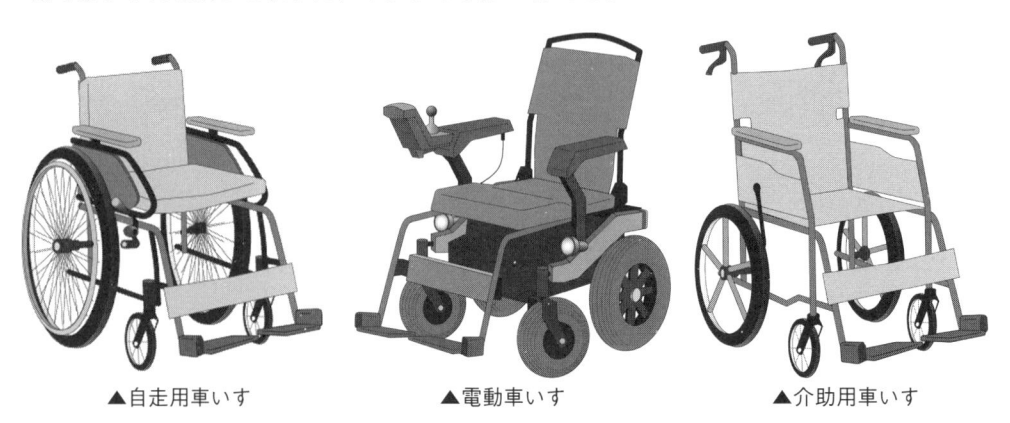

イラスト引用：『障がい者雇用促進支援講座』 通信講座　ＵＤジャパン

第6節　動きの障がいがある人を理解する

②車いすの不便さ

　車いすを使用すると、階段などの段差や手動ドアがバリアになります。また、**身体の位置が低くなります**ので、目線も手が届く場所も低くなります。

　また、膝が入らない（蹴込みがない）受付カウンターや手が届かないテーブルがあることに気がつきます。とくに膝が入らないと、テーブルに対して横に車いすを付け、上半身をねじって使用するために、苦しい体勢になります。

　高いテーブルは、車いすを使用する人が手が届かないだけではなく、背が低い人や子どもにとっても使いにくいものになります。だからといって、低いテーブルだけを用意すると、背が高い人にとっては、逆に使いにくくなります(▶)。

　車いすを使用していても使いやすい受付カウンターや展示台の高さ、蹴込みの寸法は図表3－2を参考にしてください。

> ▶ *Let's think it over!*
>
> 高いテーブルだと困る人、低いテーブルだと困る人、いろいろです。これを解決するには、どのようなテーブルにしたらよいと思いますか？
>
> 参考＞ 46ページ写真

図表3－2　テーブルの高さと蹴込み

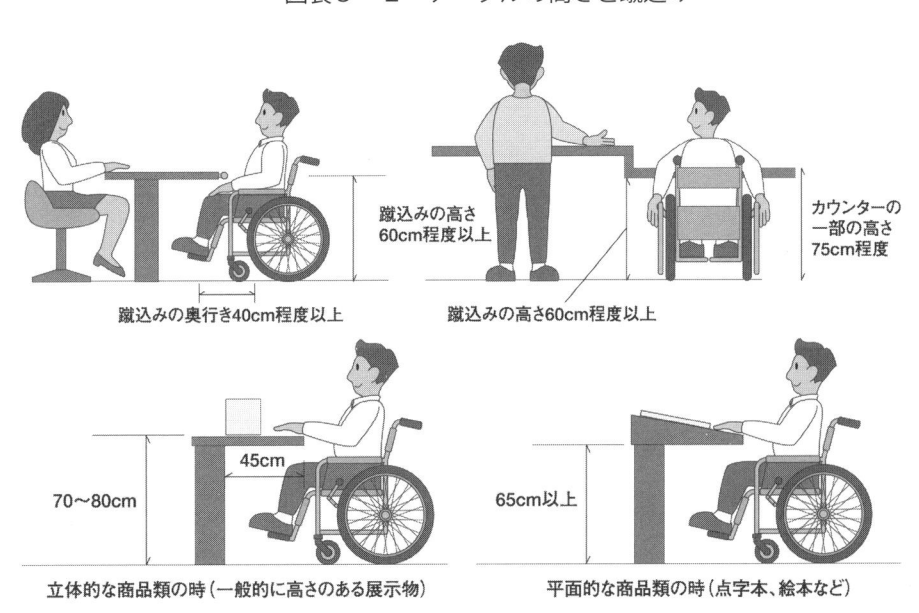

蹴込みの奥行き40cm程度以上
蹴込みの高さ60cm程度以上
蹴込みの高さ60cm程度以上
カウンターの一部の高さ75cm程度

70〜80cm　45cm
立体的な商品類の時（一般的に高さのある展示物）

65cm以上
平面的な商品類の時（点字本、絵本など）

出典：公益財団法人共用品推進機構「より多くの人が参加しやすい展示会ガイド」

（3）義足をつけている人

義手や義足をまとめて、義肢といいます。装具あるいは人工四肢と呼ぶ人もいます。

近年は技術・材質もいろいろ開発されており、さまざまな種類・機能をもつものが登場しています。一見しただけでは義肢を装着しているとはわからないような精巧な外観のものもあります。

また、機能も発達しており、義足をつけていても自然な歩き方ができる人が多くなってきました。そうはいっても本当の足とは違います。何かを踏んでもその感覚がない、滑りやすい、暑い日は装着部分が蒸れる・擦れるなど、さまざまな不便さがあります。

2．持つ・つかむ・字を書くことに不便のある人

頸髄損傷や脳性まひ、脳梗塞などで、手の動きに不便さがある人がいます。義足同様に義手の方も、重いものが持てなかったり、持ちづらかったりします。

書くことが必要なときは、代わりに代筆する場合もあります。イベント会場には多くの人が周りにいますので、名前や住所など、個人情報に関係するときは、別室で、あるいは小さな声でなど、その場に合わせて臨機応変な心遣いをしましょう。

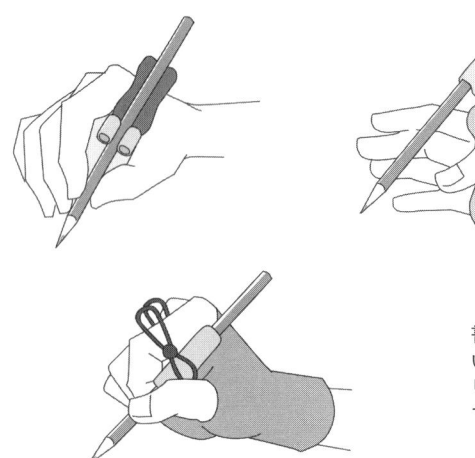

書くことに不便がある人のために、いろいろな商品が開発されている。また、クリップやベルトなどを利用して、書きやすいように工夫している人もいる。

3．麻痺のある人

　麻痺は、意識して動かそうとしても、そのように動かせない状態をいいます。両側の手足が麻痺する四肢麻痺、両手か両足の対麻痺、右か左のどちらかの麻痺は片麻痺、足か手のどちらか一部の場合の単麻痺などがあります。脊髄損傷やポリオで、損傷した場所などにより、呼吸や感覚、排泄機能なども制限がある場合もあります。

　また、麻痺の状態も、力がまったく入らない状態や逆に筋肉が緊張している状態などさまざまです。**アテトーゼ（不随意運動）** と呼ばれる、自分の意思と関係なく手足が動く麻痺もあります。いつもそうではなく、緊張したりするときだけアテトーゼの動きが出る人もいます。

4．話すことに不便のある人

　話すことに不便のある人には、麻痺により思うように口や舌を動かせない人や、病気などにより咽頭や喉頭などの発声機能を失った人などがいます。

　発声機能を失った人のなかには、電気式人工咽頭・人工喉頭と呼ばれる装置で、発声する人がいますが、機械的で抑揚のない不自然な声になりがちです。話す声が機械的だったり、ハッキリしなかったりしても、**びっくりしないで、しっかりと耳と心を傾けましょう。**

　脳性まひの人は、四肢麻痺だけではなく、話すことにも不便がある人も少なくありません。見た目から、知能にも障がいがあると思う人もいますが、子ども扱いしたような口調で話しかけることのないように気をつけ、尊厳のある一人の人間として、他の人と同じように接していきましょう。**麻痺があるのは身体だけです。** 大切な内容は、聞こえたことを復唱して確認するのもよいでしょう。そして、聞き取れなかった場合は、「もう一度言っていただけますか？」などと聞き返して、話の内容を理解する努力をしてください。

第7節　情報の障がいがある人を理解する

　イベント主催者が、当然みんなが受け取れると思って発信した情報を、いろいろな特性で受け取れない人たちがいます。
　この節では、文字情報が見えない・見にくい視覚障がいのある人と、音声情報が聞こえない・聞こえにくい聴覚障がいのある人について考えていきましょう。

1．文字情報が見えない・見にくい視覚障がいのある人

　人は、視覚、聴覚、触覚、嗅覚、味覚という五感によって、さまざまな情報を得ていますが、視覚から得る情報は、その8割以上を占めているそうです。
　「視覚」には、ものの形がわかるかどうかの「視力」以外にも、「目を動かさないで見える範囲の「視野」、光を感じる「光覚」、色を認識する「色覚」など、さまざまな要素があります。そのうち、視力・視野のどちらか、または両方の機能が不十分で、**眼鏡やコンタクトレンズなどを使用しても見え方が改善されない場合を視覚障がい**といいます。
　視覚障がいは、等級は欄外のように区分されていますが、通常は、次のような区分で話されます。

> **視覚障がいの種類**
> - 全盲（ぜんもう）：まったく見えない。
> - 弱視（じゃくし）：見えにくい。ロービジョンともいう。
> - 色覚障がい（しきかく）：色の識別が難しい。色弱・色盲（しきじゃく・しきもう）ともいう。
> - 視野狭窄（きょうさく）：見える範囲が狭い。
> - 視野欠損（けっそん）：一部が見えない。

　視覚障がいのある人は、日本では31万人います（平成18年7月1日現在　厚生労働省発表）。
　それぞれについて見ていきましょう。

視覚障害程度等級
1級：両眼の視力の和が 0.01 以下。
2級：
(1) 両眼の視力の和が 0.02 以上 0.04 以下。
(2) 両眼の視野がそれぞれ 10 度以内でかつ両眼による視野について視能率による損失率が 95% 以上。
3級：
(1) 両眼の視力の和が 0.05 以上 0.08 以下。
(2) 両眼の視野がそれぞれ 10 度以内でかつ両眼による視野について視能率による損失率が 90% 以上。
4級：
(1) 両眼の視力の和が 0.09 以上 0.12 以下。
(2) 両眼の視野がそれぞれ 10 度以内。
5級：
(1) 両眼の視力の和が 0.13 以上 0.2 以下。
(2) 両眼による視野の 2 分の 1 以上が欠けているもの。
6級：一眼の視力が 0.02 以下、他眼の視力が 0.6 以下のもので、両眼の視力の和が 0.2 を超えるもの。

●「障害者」と「健常者」●

このテキストでは、「障害者」ではなく「**障がい者**」「**障がいのある人**」と表記している（障害者手帳などの固定した名詞や、行政の定められた用語についてのみ「障害者」と表記）。

昔は「障碍者」と書いていた。障も碍も、不便がある、という意味である。戦後、碍の字が常用漢字から外されたため、同じ音をもつ「害」の字が代わりに用いられたのだ。

しかし、障がいのある人にとっては、自分たちがなにか社会に害をなす存在のように思え、悲しい気持ちがするという。いま、あちこちの行政・企業では、「障害者」と表示せず、「障碍者」「障がい者」と表示するようになった。

また、「健常者」という表現も、このテキストではできるだけ使わないようにしている。例えば、生まれつき腕が欠損していて「身体障害者手帳」を持っている人と、深刻な持病を抱えている「健常者」は、どちらが健康だろうか？　目が見えなくても、それが生まれつきで、その人にとって普通ならば、それもやっぱり健常ではないのだろうか？

風邪を引いている、足をくじいている、腰を痛めているなどは、誰でも何らかの不便さを抱える。「常に健康／健全」でいる人は、意外と少ないのかもしれない。そうした意味でも、「健常者」という言葉は、ユニバーサルイベントに関わる者として、使用を避けたい言葉の一つである。

また、視覚障がいのある人に対し、見える人は「健常者」と呼んでよいのだろうか？　もしその人が、聞こえない聴覚障がい者だったら、「健常者」と呼ぶだろうか？

見えない人に対し、見えている人は「**晴眼者（せいがんしゃ）**」と呼ぶ。聞こえなくても、車いすを使用していても、「晴眼者」である。

聞こえない人に対して、聞こえる人のことを「健聴者」というが、最近では「**聴者（ちょうしゃ）**」と表記している。その聞こえが「健康」であるかどうかは定かでないからだ。知的障がいのある人も内部障がいのある人でも、聞こえる人は「聴者」である。

車いすも、「車椅子」という表記は避けた。「椅子」は動かない家具のイメージがある。車いすを使っていても、あちこちのイベントに活動的に参加する人もたくさんいる。そうした意味も含めて、ここでは「いす」とひらがなにしている。

多くの人が目にするWebサイトやポスター、パンフレットには、こうした気配りが求められる。このような用語の決まりが会社によって決められている場合もある。あればそれに従うのもよいだろう。

『障害者も健常者も一緒に楽しめる車椅子バスケ』などというイベントタイトルにならないように注意したいものである。

第3章　特性を理解すると見えてくるユニバーサル・コミュニケーション

（1）全盲

　まったく見えない人を、「盲人」といいます。医学的な「全盲」は、まったく見えず、周囲が明るいか暗いかも判別できない状態をいい、明かりや何かの動きがわかる人は「弱視」となります。しかし、光を感じるだけ、目の前で手を振られればその動きがわかる程度など、非常に強い弱視の人でも、「弱視です」と言うと、多少は見えているだろうと思われて、適切な配慮が受けられないために、あえて「全盲です」と言う人もいます。

　見えない人が公共の場を歩くさいには、法律で次のように定めがあります。

> 道路交通法第14条
> 　目が見えない者（目が見えない者に準ずる者を含む。以下同じ。）は、道路を通行するときは、政令で定めるつえを携え、又は政令で定める盲導犬を連れていなければならない。

目が見えない者に準ずる者：全盲に近い強い弱視の人。「この視力から白杖を持つ」という数値的な基準はなく、自分自身で安全性を考えて、持つ・持たないは判断する。

（2）弱視

　弱視の人の見え方は、十人十色です。視力が弱いだけでなく、弱いと同時に視野が狭い、色がわからない、暗いと見えない／見えにくい（逆に、明るいと見えない／見えにくい）など、いろいろな視覚障がいが混ざっている人もいます。

　ルーペで文字を読む、拡大読書器を使用して仕事をする、画面を白黒反転させてパソコンを使う、まぶしい日中を避けて夜になってから出かけるなど、**生活の仕方や暮らし方の工夫は、人それぞれ**です。

　会社までの慣れた道ならば、何の問題もなくスタスタ歩くことができる人でも、初めて行くイベント会場などは危険も多くなります(▶)。

　白杖を持っていなかったり盲導犬を連れていなかったりする人も多いため、周りも見えにくいことに気づきにくい場合があります。

　イベント会場の設営や情報の発信の仕方を、「見えていること」を前提として考えるのではなく、見えにくい人の存在を意識して考えることが大切です。

▶ Let's think it over!
なぜ、慣れた道なら大丈夫なのでしょうか？
参考＞105ページ　コラム

● 視覚障がい者と白い杖 ●

視覚障がい者というと、白い杖を持って歩いている人をイメージするかもしれない。この杖は、「**白杖（はくじょう）**」あるいは「盲人安全つえ」と呼ばれる。

形や材質に決まりはないが、白色と黄色であれば補装具費が支給されるため、ほとんどの人が白あるいは黄色のものを持っている。

白杖には大きく2つの役割がある。

1つはアンテナ機能である。杖の先で、障害物、段差、溝などを事前に知ることができる。

2つめはシグナル機能である。目が見えないことは、パッと見ただけではわかりづらい。自分が視覚障がい者であり、見えていないことを、周囲の人に知ってもらう役割もある。

白杖は、視覚障がい者にとって、見える人の目の代わりともなる非常に大切なものだ。許可を得ずに勝手に触ったり、ましてや置いた場所を何も言わず移動させるようなことがないように気をつけたい。

白杖は、肢体障がい者や高齢者が使う杖のように、体重をかけるように使うことはない。

歩行の場合は主に次の2種類ある。

①スライドテクニック：杖の先を地面に接触したまま左右にスライドさせる。地面の起伏を細かく知ることができる。
②タッチテクニック：離れた2点をタッチしながら歩く。タッチする音で、周囲に自分の存在を知らせることができる。

誘導者を同伴している場合は、自分が視覚障がい者であることを周囲にわかってもらうために、杖の先を少し浮かせて出すように持つ方法もある。

白杖は基本的に丈夫だが、折れる場合もある。ラッシュアワーで人ごみに押されて折れてしまったり、自転車の車輪に入れて折れてしまったりすることもある。人家の植木鉢を倒したり、散歩中の犬にぶつかったりする場合もある。

あなたの目は、地面から何cm上に付いているだろうか？　白杖を使う人の目は、床上5cmにある。杖の先が入り込まないように、ぶつかっても支障がないように、考えて会場づくりをしていこう。

第3章　特性を理解すると見えてくるユニバーサル・コミュニケーション

（3）色覚障がい

　人間の目には、色を見分ける錐体細胞が3種類あり、それぞれ赤・青・緑を分担しています。そのどれかがなかったり、特性が異なっていると、色が異なって見えます。

　日本人の男性は約20人に1人、北欧やフランスの白人男性は約10人に1人の割合で、赤色・緑色を見分ける細胞の特性が異なっており、赤と緑、赤と黒などの色の見分けが難しいといわれています。この割合は、決して少なくありません。

　黒い文字で書かれているけれど、強調したい言葉だけ赤い色に変えているサインは見分けられません。イベント会場内には、赤（止まる）と緑（行く）などの信号はないでしょうか？

　色の見え方の違いは、他の人にはわかりにくいため、自分自身で気がついていない場合もあります。

（4）視野狭窄・視野欠損

　視力のある人の視野（見える範囲）は、まっすぐ前を見たまま視線を動かさずに見える範囲が、上下それぞれ約60度、外側が両目で約200度といわれています。この視野が狭くなることを「視野狭窄」、一部が欠けることを「視野欠損」といいます。欠け方も、視野の中心が暗く見える、歪んで見える、小さく見えるなどいろいろな見え方になって現れます。緑内障、網膜疾患、視神経疾患、脳血管障害、脳腫瘍などが主な原因となります。

　視野狭窄や欠損は、ゆっくりと進行する場合がほとんどです。さらに片目だけの場合は、もう一方の目が見えない部分を補ってしまったり、脳が見えない部分を勝手に補ってあたかも見えたように判断させる場合もあります。このため、本人はきちんと見えていると思っていても、実は視野の中に見えない部分があるため、人にぶつかる、人の足を頻繁に踏む、つまずく、文字を読み飛ばす、などが多くなります。

　この他にも、障害者手帳を持っていなくても、白内障で、磨りガラスから見るような見え方だったり、近視・乱視・遠視・老眼などで、手元や遠くが見えにくい人もたくさんいます。

以前は小学校において一斉に色覚検査が義務づけられていたが、学校生活での配慮が進んだり、生活上に不便があまりないなどとされ、2003年度から色覚一斉検査の義務づけが廃止された。希望者は眼科で検査することができる。

● 身体障害者補助犬 ●

　身体障害者補助犬には3種類ある。視覚障がいのある人の目の代わりとなる盲導犬、身体障がいのある人の動きを助ける介助犬、そして、聴覚障がいのある人の耳となる聴導犬である。公共施設や公共交通機関、また、多くの人が利用する民間施設等は、補助犬を拒んではならない。

　補助犬は、吠えない、命令がなければ排泄しないなどの、いろいろな訓練を受けている。補助犬の利用者と一緒に歩くときは、犬と反対側を歩いて案内するとよい。

　厚生労働省の平成26年11月1日発表によると、次の数の補助犬がいる。

　盲導犬：1,010頭
　介助犬：72頭
　聴導犬：54頭

　盲導犬は、視覚障がいのある人の目となり、危険から回避させ、命を守る役割を担っている。そのため、特に厳しい訓練を受ける。**ハーネス**と呼ばれる器具を付けている仕事中は、大変な集中力が必要なため、これを付けているときは、話しかけたり、触ったりしないように注意が必要だ。

　介助犬は、動きに障がいがある人をサポートする補助犬である。衣服の着脱や車いすの乗り降りをサポートしたり、本人の代わりに新聞や飲み物をとってきたり、日常生活の動きを助ける。車いすを使用していると、落としたものを拾うことができないため、拾って渡すように訓練されている。

　しかし、すべての介助犬が、同じ仕事をするわけではない。使用者一人ひとりの障がい内容に合わせて、何をサポートするか、必要に応じて違う訓練を受けている。

　外出時には「**介助犬**」と書かれた胴着をつけている。

　聴導犬は、聴覚障がいのある人の耳代わりとなる。家の中では、インターホンの音やお湯が沸いた音がしたとき、その音源まで使用者を導くように訓練されている。家の外では車のクラクションや自転車のベルを教える。特に、火災報知器や警報機の音が聞こえたときは、伏せをするように訓練されている。

　聴導犬がオレンジのケープを付けているときは、仕事中という意味である。

第3章 特性を理解すると見えてくるユニバーサル・コミュニケーション

2．音声情報が聞こえない・聞こえにくい聴覚障がい者

聴覚障がい者というと、耳が聞こえない人だと、十把一絡に思いがちです。しかし、視覚障がい者と同様に、聴覚障がい者も、その聞こえの状態は実はさまざまです。

聴覚障がいの主な種類

・ろう（聾）　　・難聴　　・中途失聴　　・老人性難聴

（1）ろう

医学的な基準では、両耳の聴力がまったくない、あるいは聞くには、100dB（電車が通るときのガードの下程度）以上の音量が必要な状態を「ろう」といいます。そして、こうした聴力をもつ人を「ろう者」といいます。

しかし一般には、日本手話（89ページ参照）を使う人やろう学校を卒業した人などが、自分自身のことを「ろう者」と言う場合もあります。ろう者＝まったく聞こえない人とは限りません。

聞こえないと、自分の発声を耳で確認することができません。ろう者の多くは、生まれつきや幼児期に聞こえなくなったため、**はっきりと話すことが難しい場合があります**。ときには外国人や知的障がい者に間違えられることもあります。多少聞き取りづらい場合もあるかもしれませんが、しっかりと耳を傾けましょう。

（2）難聴

一般的には、難聴とは、多少は音が聞こえることをいいます。その聞こえ方は、ほとんど聞こえない人もいれば、電話ができるほどの人もいます。

難聴の場合は、**大きな音が必ず聞こえやすいわけではない**ことを知っておきましょう。人によっては、大きくてもまったく聞こえが変わらなかったり、より聞こえづらくなる場合もあります。

高い音だけ聞こえる、低い音のほうが聞き取りやすい、聞こえたり聞こえなかったりなど"まだら"に聞こえる、体調が悪くて耳鳴りがひどい日だけ聞こえない……など十人十色です。

聾唖者（ろうあしゃ）：聾は聞こえないこと、唖は話せないこと。昔は、聞こえないと話せないことが多かったので、聾唖者と呼ばれたが、今は特別支援学校などで話し方を学習し、声を出して話すことができる人が多くなったため、「聾者・ろう者」と呼ぶことが多い。

聴覚障害程度等級
6級：両耳の聴力レベルが70dB以上（40cm以上の距離で発声された会話が聞こえない）、あるいは、片耳の聴力レベルが90dB以上で、もう片方の耳の聴力レベルが50dB以上の場合。
4級：両耳の聴力レベルが80dB以上。語音弁別能（大きさではなく、正しく聞き取れているかどうか）が50％以下のもの。
3級：両耳の聴力レベルが90dB以上のもの（耳もとで大声で話せば、音がわかる）。
2級：両耳の聴力レベルがそれぞれ100dB以上のもの（両耳全ろう）。
※1級と5級はない。

（3）中途失聴（ちゅうとしっちょう）

　生まれつきではなく、日本語の読み書きや発音などの言語能力がしっかりと身についた後、事故や病気などで聴覚を失った人をいいます。大人になってから聞こえなくなったため、手話が使えない人もいます。

　話せるのに聞こえないため、聞こえないことを理解してもらえずに、いろいろな誤解をまねきやすい場合もあります。

● 補聴器をしていても聞こえていない ●

　聴覚障がいのある人の多くが、補聴器を付けているが、**補聴器を付けていても、普通に聞こえるわけではない。**

　電車に乗っていて、友人の話を聞いているとき、車輪がガタゴトという音、空調の音、他人の話し声など、周りに溢れるいろいろな音を、あなたは友人の声と同等に聞いているだろうか？　おそらく、会話に集中していて聞いていないだろう。社内放送さえ聞き漏らすこともある。それは、脳が聞きたい音と雑音を選別しているからである。

　しかし、使用者がどの音を聞きたいか、補聴器は選択することができない。使用者の周りにある音をすべて大きくして伝えているのだ。最近の補聴器は機能も向上し、音声だけを特に大きくしたり、雑音をシャットアウトする機能もあるが、まだまだ騒がしい場所での会話は聞き取りにくいのが現状だ。

　また、補聴器を付けても聞こえない、ほとんど聞こえない、音の存在がわかる程度、などの人も多いのに、それでも、補聴器を付けている場合がある。その理由は次のとおりだ。

①聴覚障がいは見た目にわからないので、聞こえないことを他の人にわかってもらうため
②音の存在がわかるようになるので、そちらを見ることができる

　②について、説明を追加しておこう。補聴器を付けていれば、何も聞こえない状態から、何かが聞こえる状態になるということだ。例えば、山田さんに「山田さん！」と呼びかける。そうすると、山田さんは振り向くことができる。しかし、山田さんには「やまださん」という音が聞こえたわけではなく、何か音がしたから、振り向いたのだ。道を歩いていたら何か聞こえた。振り向いたら、車がクラクションを鳴らしていた。

　補聴器を付けているからといって、言葉がわかる、会話ができる、とは限らないことを知っておこう。

第3章　特性を理解すると見えてくるユニバーサル・コミュニケーション

（4）老人性難聴

老人性難聴（ろうじんせいなんちょう）は、いわゆる「耳が遠い」という言われ方をされる、加齢によって生じる聞こえにくさです。

聴力は一般的に50代から急に衰えますが、40代で補聴器が必要になる人もいれば、80歳を過ぎてもしっかりと聞こえている人もいます。老人性という名称がついていても、人それぞれです。

老人性難聴の一般的な特徴は、高い音から聞こえなくなってきて、左右の耳であまり大きな差がないことです。初期の場合は、耳鳴りだけを感じることもあります。

また、音が聞こえなくなっていくという感じはあまりなく、「言葉が聞き取れなくなっていく」というのも特徴のひとつです。つまり、音はある程度聞こえているけれど、何を言っているのか言葉がわからない、となります。例えば、ドアの開く音や車のエンジンの音といった物音は十分に聞こえます。しかし、人との会話では、聞き違いや聞き漏れが多くなります。この2つが一緒の「雑踏の中で会話をする」という場面では、とても聞き取りにくさが増します。

老人性難聴は、ゆっくりゆっくり聞こえなくなっていきます。そして、低い音は長い間しっかりと聞こえますし、物音も聞き取りやすいので、本人に自覚がない場合もあります。

> 老人性難聴者で、自分の聞こえを補うために手話を身につけるという人は、ほとんどいないといわれている。

3．手話

「聴覚障がいのある人＝手話を使う人」ではありません。例えば、もし病気で耳が聞こえなくなったとしたら、あなたはその日から手話で話せるでしょうか？　手話は言語であり、英語と同じように身につけるものです。

生まれたときから親が手話を使ってコミュニケーションをしてくれたので手話が使えるようになった人もいれば、特別支援学校に入ってから周りと会話をすることで自然に身についた人もいます。周りに手話が身につく環境がなかったため、手話サークルなどで学んで習得した人もいます。英語と同様、手話に関しても、どのように身につけたのか、どの

> **手話言語法**：以前、手話は正式な言語とは認められていなかったため、長い間、学校で使用が禁止されたり、差別されたりしてきた。
> しかし、障害者権利条約の批准に向けて、2011年8月に成立した「改正障害者基本法」は「全て障害者は、可能な限り、言語（手話を含む。）その他の意思疎通のための手段についての選択の機会が確保される」と定められた。同法第22条では国・地方公共団体に対して情報保障施策を義務づけた。
> これを受けて各自治体は、手話は音声言語と対等な言語となり、聞こえない子どもが手話を身につけ、手話で学べ、どこでも自由に手話が使える環境整備を目的とした「手話言語法（仮称）」の制定に取り組み始めている。

88

程度使えるのかは、十人十色なのです。

手話について、いくつかの特徴を知っておきましょう。

> 手話の主な特徴
> - 手話には大きく3種類あり、その境は曖昧である。
>   ①日本語対応手話：日本語の言葉に手話の単語表現を一つひとつ対応させたもの。中途失聴者などが学びやすい。
>   ②日本手話：日本語とは違った文法などをもつ別の言語。
>   ③中間手話：①と②をとりまぜた中間的な手話。
> - 手話は、手を動かすだけではなく、表情、頭部の動き、口型、身体の傾け方など、上半身を使って表現する。
> - 世界共通ではない。さらに、日本国内でも、日本語に方言があるように、地域によって一部の手話単語が違う。時代によっても変わるし、男女によっても異なる。

言語が異なれば、考え方も異なってきます（「ろう文化」と呼ぶ場合もあります）。もちろん、同じ日本に暮らす者ですから共通点のほうが多いのですが、だからこそ、ときどき違うことに出会い、とまどったり驚いたりします。

例えば、そこにいる全員にこちらを見てほしいときは部屋の明かりをパチっと消してつけたり、人を呼ぶときは壁や机をドンと叩いたり（振動で気がつく）、拍手は両手を開いて上にあげヒラヒラさせたりします。手話を学ぶということは、ただ単に会話の仕方を学ぶだけではなく、こうした文化も学ぶことになります。

来場者との接点が多い業務に就くことが多い場合、会場の簡単な説明や挨拶ができる程度の手話を身につけておくのもよいでしょう。また、自治体にある手話通訳派遣団体を知っておき、必要なときに手話通訳者の手配ができるようにしておくのもよいでしょう。

第8節　理解の障がいがある人を理解する

　文字が見えていても、耳が聞こえていても、情報提供者側が望んだように情報を受け取ることができない人たちがいます。日本語が読めない外国人や、複雑な情報を受け止めるのが難しい知的障がいのある人たちなどです。

　もちろんどんな人でも、特別に体調が悪かったり、知らない内容について説明されたりしたときなど、理解するのが難しいときがあります。

　イベント会場の情報が、理解の障がいがある人たちにとってもスムーズに理解できるものだったら、きっといろいろな状態・いろいろな人に伝わりやすい情報となるのではないでしょうか？

　正しくスムーズに伝わる情報は、災害時の安全確保にも大きく影響します。

　ここでは、理解の障がいについて、次のように大きく3つに分けてとらえていきましょう。

> 理解の障がい
> ① 日本語力によるもの：外国人、子ども、聴覚障がいのある人等
> ② 脳の障がいによるもの：知的障がいのある人、精神障がいのある人、高次脳機能障がいのある人等
> ③ 情報リテラシーによるもの：高齢者等

▶高次脳機能障がい
　99ページ参照

1．日本語力によるもの

　日本語力が不十分なために、日本語の文字や音声による情報を得ることが難しい人がいます。その多くが外国人であるため、公共交通機関のサインなどは、理解できる人がもっとも多い英語と、中国語・韓国語が並記されているものをたくさん見かけます（▶）。何を並記するか、どこまで並記するかなど、方針をしっかりと定め、ブレのない文字情報を考えていくことが求められています。一方、日本人であっても、日本語の情報が伝わりにくい人がいます。文字を十分に習得していない子どもや知的障がいのある人です。イベントによっては、ひらがなを用いたり、漢字にふりがなを振ったりするなどの工夫が求められます。

　しかし、全部をかなで書けばよいというわけではありません。まず、大人は読みづらくなります。漢字がわかる中国の人にとってはかえって意味がつかめなくなります。また、ひらがなは表音文字であるために、聴覚障がいのある人にとっても意味が把握しづらくなります。

　また、日本語が得意とする遠回しな言い方や二重否定の文章は、文字による情報把握が苦手な場合がある発達障がいの人や、母語が手話である聴覚障がいのある人、日本語を学習中の外国人にとって、勘違いや読み違いをしやすくなります。シンプルな文章を使用するよう心がけましょう。

> ▶ **Let's think it over!**
> 日本語と他の言語が並記されると、同じ面積のサインの場合は、文字が小さくなり、見え方に不便がある人にとっては、逆に見えづらくなります。これについて、注意するべきポイントはどういったことでしょうか？
>
> 参考：69ページ

● ろう者と日本語 ●

　ろう者は日本語文章の読み書きが苦手な人が多い。多くのろう者が使用する"日本手話"は、日本語と文法が異なる別言語であり、それがろう者の母語である。日本語は、音を聞かずに努力して身につけた第2言語なのだ。右はろう者が実際に書いた文章だ。もちろん、高い文章力をもつろう者もいるが、「聴覚障がいがあっても、書けばわかる」という思い込みの枠があったら、ぜひ外してほしい。

私の生活について、話します。月から金まで、会社で働いています。土日に仕事が休みます。平日に仕事がある日、朝7時前後、起床し、朝ご飯を摂りました後、服を着る。
家から会社まで車で10分がかかる。8時半から仕事が始まる、17時15分に仕事が終わります。仕事が終了後、日常の必要な物を買い物に行きました。家に帰ったら、夕ご飯の用意をすると、夕ご飯を摂りました。その後、テレビを見にすると、入浴したら、夜10時半、寝る前に読書をします。

2．脳の障がいによるもの

脳に起因する理解力の障がいには、**知的障がい、精神障がい、高次脳機能障がいなどがあります。**

見えていても、聞こえていても、その内容を理解したり、覚えたり、適切な判断をすることに難しさがある障がいです。

知的障がいのある人とは、発達時期（おおむね18歳）までに、脳に何らかの障がいが生じたため、運動能力、記憶力、理解力、思考力、判断力など知的な遅れがあり社会生活に適応しにくい人をいいます。障がいの原因は、染色体異常に起因したダウン症候群や出産時の低酸素脳症、乳幼児時期の投薬や高熱の後遺症などさまざまです。

知的障がいのある人の特徴（例）
- 複雑な話や抽象的な内容は理解が難しい。
- 読み書きや計算が苦手。
- 見聞きした事象から、推測や予測することが難しい。
- ひとつのことに執着したり、同じ質問を繰り返す。

知的障がいのある人は、記憶・理解・思考・判断といった「知的面」では障がいがありますが、嬉しさ、悲しさといった「感情面」に障がいがあるわけではありません。感情表現がうまくない人もいますが、見下したり、子ども扱いされたりすれば、障がいのない人と同じように傷ついています。

理解力や判断力などが十分でないために、情報を正しく受け取ることが難しかったり、正しく受け取っても上手に活用できなかったりします。知的障がい者が受け取りやすく、活用しやすい形で情報を渡すことができれば、誰にとっても、よりわかりやすい情報となることでしょう。

知的障がいの等級
* 手帳の呼び名は、都道府県によってさまざまであり、下記の内容も違う場合がある。

Ⓐ（最重度）
(1) 知能指数がおおむね20以下に該当する程度
あるいは、
(2) 知能指数がおおむね35以下で、視力、聴覚、排泄、衣服着脱などの障がいが合併している

A（重度）
知能指数がおおむね35以下で、日常生活に介助が必要である

B（中度）
知能指数がおおむね50以下であって、食事、着脱衣、排便、洗面等日常生活における基本的動作に一部介助が必要である

C（軽度）
知能指数がおおむね70以下であって、社会生活への適応に適切な援助が必要である程度のもの

● 学習障がい：LD（Learning Disabilities）●

　知的発達の遅れはないが、読む・書く・計算するということに非常に困難を覚える障がいがある。こうした障がいを「学習障がい」または「LD（Learning Disabilities）」という。大人になると、訓練によっていくらかはできるようになるが、それでも不便さは多い。最新の研究によると、脳の情報処理方法が一般の人と異なっていることが解明されており、特定の分野で偉業をなす人も多くいる。

　読むことへの障がいを「ディスレクシア」という。例えば、ひらがなの「い」が、ただの2本の棒に見える、「木」と「水」の違いがわからない、「犬」という形から、動物の犬と結びつけられない、などがある。

　書くことへの障がいを「ディスグラフィア」という。多くの文法的なミスがあったり、句読点が打てなかったりする。文字を書き写せない、左右反対の文字（鏡文字）になってしまう場合もある。

　ディスレクシアとディスグラフィアを両方あわせもっている場合も多い。

　計算能力の障がいは「ディスカリキュア」という。足し算などの簡単な式や時計を見て20分後や15分前の時間を出すことが難しくなる。

　こうした障がいのある人は、日本では、人口の5～8％と報告されており、40人のクラスならば、2人程度はいることになる。

　いずれにしても、まったく読めないわけでもなく、まったく書けないわけでもない。程度が軽い場合は、「算数はとんでもなく苦手だった」「本を読むのは嫌い」という程度で、本人も気づかない場合がある。

　しかし、社会生活では、就職、引っ越し、銀行関係、役所関係等、多くの場面で氏名や住所などの書類記入が発生する。何年も住んでいる住所が書けず、ディスグラフィアの説明も難しい。「手をケガしているので」などと言って、代筆を頼むこともあるという。

　今は、携帯電話にも計算機はついている。話した言葉を文字に変換する「音声入力」やテキストデータを音声に変換する「読み上げソフト」などもある。ICTは学習障がいの人にとって、大変に便利なツールとなっている。

　大人で、目が見えていて、手があるならば、誰でも読み書きができて当たり前ではないことを知っておこう。

> 緊急できて規正ちかじかします。母親は具合悪く周りの友人には内緒で規正が日にち短いので辛いです。実家で遣る事たくさんあって困りますがまた合いましょう。来週メールします

▲ディスグラフィアの人のメール文章。音声入力をした後、本人自身で修正をしたもの。「規正」は「帰省」のこと。

3．情報リテラシーによるもの

情報リテラシーには、次の大きな2つの意味があります。

> 情報リテラシー
> ① 情報を自分の目的に合わせて、自分自身で集め、選び、活用し、作り替えたり他に発信したりする能力
> ② 情報端末・機器を活用して、情報を管理・活用する能力

literacy: the ability to read and write
(New Oxford American Dictionary)

リテラシー：読んだり書いたりする能力。

情報リテラシー：Information literacy. 情報（information）と識字（literacy）を合わせた言葉。

ここでは、インターネットなどが使えないために、イベントの広報・案内の情報が得られない・得にくい人を対象に学んでいきましょう。

（1）情報格差（デジタル・デバイド）

デジタル・デバイドは、1996年に当時のアメリカのゴア副大統領が使用した言葉で、情報格差と訳されます。ゴア副大統領は、情報の格差が生み出される主な原因として、次の3つを挙げています。

> 情報格差を生み出す要因
> ① 先進国と途上国間といった国家間、あるいは都市と地方といった地域間における情報技術力や普及率の格差
> ② 貧困によって情報端末・機器が購入できず、操作する機会が得られないという貧富の格差
> ③ 加齢や障がいなどによる、個人間の格差

①は、電気がないためにパソコンが使えない地域や、回線が敷かれていないためにインターネットが見られない地域などですが、日本では少なくなりました。②も、多少の差はありますが、日本では会社、学校、図書館などの施設で、多少なりとも情報機器に触れることができます。

ここで、イベントに関わるときに考える必要があるのが、③の人々です。

生まれたときから情報端末・機器が家にあり、学校でもITを使用して授業を受けた若者と、日常生活で特にパソコンなどを必要としないま

第8節 理解の障がいがある人を理解する

ま過ごし、情報端末・機器に触れたことのない高齢者との間では、入手できる情報に大きな差が出ます。

また、腕や指に欠損や損傷があったり、情報端末・機器を使うことが難しい知的・発達・精神などに障がいのある人もまた、得られる情報が著しく少なくなります。

そこでイベントでも、Web、パンフレットなどの文字、アナウンスなどの音声といったように、情報は複数の手段で発信することが望まれます。

高齢者のWeb利用率：
使用機器にかかわらず、何らかの形で、インターネット利用をしている人の割合：
○ 60代男性…58.7%
　60代女性…55.3%
○ 70代男性…30.0%
　70代女性…16.7%

※ 町村部では、60代70代合わせて、低くなる
○ 男性…26.7%
　女性…20.0%

（DENTSUデジタルシニア・ラボ　2014年4月調べ）

● 試行錯誤の貼り紙 ●

その街は、有名な地蔵菩薩があり、多くの高齢者が訪れることで有名である。そこに、あるハンバーガーのチェーン店があるが、他の街と違うのは、メニューの表示である。フライドポテトには「おいも」、フライドチキンには「唐揚げ」と書いた紙が貼ってあるのだ。ドリンクのメニューも、L、M、Sではなく、「大・中・小」と貼り紙がされている。

ある全国チェーンのコンビニエンスストアでは、有名なデザイナーに依頼して、とてもしゃれたデザインのコーヒーメーカーを設置した。カップを購入した後、客が自分で操作するものである。機械はデザイン性が重視され、ボタンの表示はすべて英語のみであった。ところが、実際に店舗に設置してみると、操作についての質問が多く、操作ミスをするお客さまが続出した。そこで、多くの店舗で、その美しい機械の「R」に「小」「並」「レギュラー」等、「L」に「大」「大盛り」「ラージ」など、貼り紙が貼られ、大きく美観を損ねる結果となった。

提供側の思惑とは違うかもしれないが、どちらも利用者がスムーズに理解できることを第一とした工夫だ。たくさんの質問を受けた結果、見つけた工夫だろう。

しかし、開催期間が短く試行錯誤をする時間がないイベントならば、初めからいろいろな理解の仕方があることを考慮してから、きめ細かい配慮をして開催しなければならない。

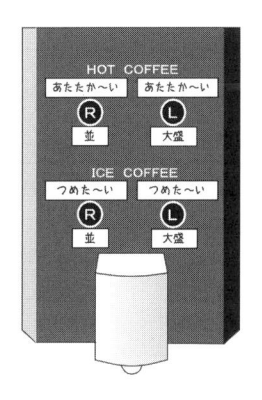

4．見えない障がい

　ここまで、いろいろな障がいがある人として、高齢者、外国人、子ども、肢体障がいのある人、視覚障がいのある人などを挙げてきました。こうした来場者は、一目見ればわかる特性があります。

　聴覚障がいのある人や知的障がいのある人も、その様子をよく観察したり、対話をすることによって気がつくことができます。

　しかしながら、ここまで詳しく取り上げなかった内部障がいのある人と精神障がいのある人は、外からは見えない障がいです。イベント会場などで対応するさいに、その障がいを知ることは難しいかもしれませんが、運営をするうえで、こうした不便さをもつ人がいることを知っておくことは大切です。

（1）内部障がいのある人

　内臓機能の障がいは、心臓、腎臓、呼吸器、膀胱・直腸、小腸、肝臓の機能障がいと、ヒト免疫不全ウイルス（HIV）による免疫機能障がいの7種類があります。最近は成人病の増加に伴い、内部障がいは増える傾向にあります。そして、医学の進歩により、たとえ内部障がいがあっても、元気に外出できる人も増加しています。

　内部障がいがあると、次のような不便さがあることを理解しておく必要があります。

内部障がいのある人が抱えがちな不便さ

① 障がいのある臓器だけでなく全身の機能が低下しており、疲れやすい人が多い。長時間立っていたり、重い荷物を持つなどの身体的負担を伴う行動が制限される。

② 心臓ペースメーカーを埋め込んでいる人は、携帯電話などからの電磁波の影響で誤作動を起こす場合がある。

③ 人工肛門や人工膀胱を使用している人（オストメイト）には、装具を洗浄するための設備のあるトイレ（多目的トイレ等）が必要である。

④ 呼吸器障がいの人は酸素ボンベを携帯している人もいる。たばこの煙などに苦痛を感じる人も多い。

第8節　理解の障がいがある人を理解する

図表3－3　内部障がいの等級

	1級	2級	3級	4級
心臓機能障害	心臓の機能の障害により自己の身辺の日常生活活動が極度に制限されるもの		心臓の機能の障害により家庭内での日常生活活動が著しく制限されるもの	心臓の機能の障害により社会での日常生活活動が著しく制限されるもの
じん臓機能障害	じん臓の機能の障害により自己の身辺の日常生活活動が極度に制限されるもの		じん臓の機能の障害により家庭内での日常生活活動が著しく制限されるもの	じん臓の機能の障害により社会での日常生活活動が著しく制限されるもの
呼吸器機能障害	呼吸器の機能の障害により自己の身辺の日常生活活動が極度に制限されるもの		呼吸器の機能の障害により家庭内での日常生活活動が著しく制限されるもの	呼吸器の機能の障害により社会での日常生活活動が著しく制限されるもの
ぼうこう又は直腸機能障害	ぼうこう又は直腸の機能の障害により自己の身辺の日常生活活動が極度に制限されるもの		ぼうこう又は直腸の機能の障害により家庭内での日常生活活動が著しく制限されるもの	ぼうこう又は直腸の機能の障害により社会での日常生活活動が著しく制限されるもの
小腸機能障害	小腸の機能の障害により自己の身辺の日常生活活動が極度に制限されるもの		小腸の機能の障害により家庭内での日常生活活動が著しく制限されるもの	小腸の機能の障害により社会での日常生活活動が著しく制限されるもの
ヒト免疫不全ウイルスによる免疫機能障害	ヒト免疫不全ウイルスによる免疫の機能の障害により日常生活がほとんど不可能なもの	ヒト免疫不全ウイルスによる免疫の機能障害により日常生活が極度に制限されるもの	ヒト免疫不全ウイルスによる免疫の機能の障害により日常生活が著しく制限されるもの（社会での日常生活活動が著しく制限されるものを除く）	ヒト免疫不全ウイルスによる免疫の機能の障害により社会での日常生活活動が著しく制限されるもの
肝臓機能障害	肝臓の機能の障害により日常生活活動がほとんど不可能なもの	肝臓の機能の障害により日常生活活動が極度に制限されるもの	肝臓の機能の障害により日常生活活動が著しく制限されるもの（社会での日常生活活動が著しく制限されるものを除く）	肝臓の機能の障害により社会での日常生活活動が著しく制限されるもの

第3章　特性を理解すると見えてくるユニバーサル・コミュニケーション

（2）精神障がいのある人
精神障がいには、次のような種類があります。

精神障がいの種類
① 依存症
② 精神疾患
③ 発達障がい

精神障がいの特性は人によってさまざまですが、一般的にはストレスを受けやすい、複数のことを同時に考えるのが難しい、コミュニケーションに苦手感がある、などがあります。

精神障がいは非常に細かく分類されますが、ここでは代表的な上の3つを紹介します。

①依存症
アルコールや薬物等への依存症です。この他にも「障害者手帳」の対象にはなっていませんが、広義的にはギャンブル、喫煙、清涼飲料水、過食や拒食、仕事、インターネットなどに対しても、依存症があります。

日本では、もっとも人数が多いのはアルコール依存症だといわれています。パチンコなどのギャンブル依存症や買い物依存症などは、多重債務という経済面でのトラブルも引き起こします。

治療や投薬により、日常生活ができるまでに改善される場合もありますが、再発しやすいという特徴があります。

②精神疾患
統合失調症、うつ病、双極性感情障害といった精神疾患です。精神疾患がある多くの人は、適切な治療・服薬と周囲の配慮があれば、症状をコントロールでき、安定した日常生活を送っています。しかし、環境の変化によって急に精神的に不安定になり、神経が高ぶったり、声を荒げたり、パニック状態になる場合もあります。また、コミュニケーションがとりにくい、ストレスを感じやすい、疲れやすいなどの特性がある人もいます。

こうした精神疾患は、治療や服薬などによって改善され、精神障がい

傍注：

精神障がいの等級
1級：
　日常生活において、援助がなければ、ほとんど自分の用ができない
2級：
　日常生活に著しい制限を加える必要がある　など
3級：
　日常生活や社会生活に若干の制限を加える必要がある　など
＊ 精神障がい者手帳は、2年ごとに見直しが行われ、等級の変更や、改善されれば障がい者認定の取り消しもある。

依存症：「いそんしょう」とも「いぞんしょう」とも読む。覚せい剤などの精神に作用する化学物質を摂取したり、快感や気分の高揚を引き出す行為を繰り返し行った結果、それに対する強い欲求を抑えるのが難しくなり、それを求めることを何よりも優先したり、その刺激がないと身体や精神の不快・不調を覚えるようになる症状。

の認定から外れる場合もあります。

③発達障がい

発達障がいには、自閉症、学習障がい（LD）、注意欠陥／多動性障がい（ADD／ADHD）、アスペルガー症候群等の種別があります。

自閉症では知的障がいを伴う場合と伴わない場合（高機能自閉症）があります。

このような発達障がいは、心の病気ではなく、先天的な脳の障がいです。原因は特定されていませんが、ある種の神経伝達物質の不足ではないかなど、研究が進められています。

こうした障がいが子どものころに見つかると、知的障がいとして区分される場合がありますが、成人になってから判断されることが多く、その場合、知的障がい者（発達時期のおおむね18歳までに診断）には入らないため、精神障害者手帳の対象となります。

発達障がいの代表的な特性
- 遠回しな言い方や曖昧な表現を理解することが難しい
- 年齢相応の社会性が身についていない
- 関心のあることばかり一方的に話す
- 複雑な話や抽象的な概念は理解しにくい
- ひとつの行動に執着する
- 計画を立て、それに従うのが難しい
- 時間の感覚が人と違うため、約束などを守るのが難しい
- 長時間じっとしていることが難しい
- ストレスにとても弱い
- 対人関係の適切な距離感が保てない
- 片付けたり、ルールを守ったりできない　など

この他にも、**高次脳機能障がい**、**てんかん**なども精神障がいに区分される場合があります。

高次脳機能障がい（こうじのうきのうしょうがい）：事故などにより、脳が損傷を受けることによって、記憶障がい、言語障がい、注意障がい、社会的行動障がいなどを生じる認知障がい。脳の損傷部位によって、障がいの特徴が異なる。

● てんかんを起こした場合 ●

てんかんとは、突然、大脳の神経細胞（ニューロン）の活動が崩れて、電気的な乱れが生じることによる発作をいう。現在は、定期的に服薬することによって大部分は発症を防ぐことができるようになった。

しかし、突然倒れてけいれんする様子に、驚く周囲の来場者もいる。運営スタッフが落ち着いた行動をとれることが、大変重要になってくる。次のことを理解しておこう。

①発作は通常数分

てんかん症状を起こした人に対しては、落ち着いて行動することが重要である。発作は、普通1分〜数分でおさまり、その後10〜20分以内に意識が回復することが多い。

けいれんによって体を打撲しないようにし、周囲の危険物を取り除き、周りの人を遠ざける。

②けいれん中

体を押さえたり揺さぶってはいけない。舌を噛まないようにと口に物を差し込んではならない（手などを噛まれて離さない恐れがある）。下あごを下から軽く上げるようにする。

③発作がおさまったら

安全な場所に移動させ、横にして、呼吸しやすいように服のボタンを外し、ベルトを緩める。

＊救急車などを呼ぶ場合

10分以上経ってもけいれんが止まらなかったり、けいれんが止まったあと意識が戻らずに再びけいれんが起きた場合などは、治療が必要となるので、病院に連れて行ったり救急車に連絡をしたりする。

第4章 ユニバーサル・オペレーションとその事例

第 ９節　会場到着までのスムーズなご案内
第１０節　受付から会場内のご案内と留意点
第１１節　各ブースでの配慮のポイント
第１２節　特別プログラム時の配慮と留意点
第１３節　ユニバーサルイベントの事例とリスク管理

第4章　ユニバーサル・オペレーションとその事例

◎基本的マインドと留意点

　ユニバーサル・オペレーションとは、さまざまな不便さを抱えた人々の誰もが、快適にイベントに参加できるように配慮した運営体制をいいます。ユニバーサル・アクセシビリティやユニバーサル・コミュニケーションの欠陥を補うという点で、極めて重要で効果的です。

　しかし、来場者はさまざまです。高齢者、外国人、障がいのある人など、多様な人たちが、自分で会場に着いて、イベントに参加し、十分にその内容を理解できて楽しめる。これがイベントにとって「成功」なのです。そしてその成否は、イベントの運営にかかっているといえます。

　高齢者、外国人、障がいのある人の特性を、思い込みで勝手に判断して対応するのはもっとも危険なことです。最近ではハラールやアレルギーへの対応など、食に対する安全や禁忌の表示も重要になってきました。

　これらを十分に理解して、それぞれの特性について学び、例え同じ名前の特性でも一人ひとりの状況や対応方法は違うのだということを前提にしっかりと認識していきましょう。そして、どのようにしたらそれぞれの特性の人たちが快適で十分な情報を得られ、イベントを楽しむことができるか、またはイベントで十分に学びが得られるかを考えなければなりません。

　そのために大切なことは、まず第3章で学んだように、さまざまな特性のある人たちの状況を理解し、的確な配慮をもって運営ができることです。この章では、主に運営スタッフの運営技術や運営姿勢のあり方を中心に、第3章で学んだ知識を具体的な行動に落とし込んでいきます。

　イベントを実施する者は、こうした技術やサービスの基本を、運営スタッフやアテンダント、出展企業に対して、指導・育成することもまた、必然になってきているのです。そして、快適なオペレーションができるよう、準備を怠らないようにしましょう。

　それでは、どのようにしたらそれぞれの特性の人たちが快適で十分な情報を得られ、イベントを楽しむことができるか、またはイベントで十分に学びが得られるかを考えながら、具体的な方法を学んでいきましょう。

> ハラール：イスラム教の戒律により合法とされる事や物。
> ① イスラム教の戒律において合法なもののこと
> ② 健康的、清潔、安全、高品質、高栄養価であること
> ＊ 非合法なもののことをハラーム、あるいは非ハラール（non halal）と称する。

● どんな気持ちかわかりますか？ ●

Mさんの「気持ち」を考えながら読んでみよう。

――――――――――――――

Mさんは、歩けず、手も不自由だ。今日は大好きなY画伯の絵画展示会があると聞いて車いすで一人で訪れた。会場の玄関はスロープや自動ドアがあり、一人で入れたが、受付窓口でチケットを買おうとしたら、高くて何も見えない。警備員が気づいて声をかけてくれた。手が不自由な様子を見て、「代わりに買いましょう」と言ってくれた。Mさんは、車いすにかけてある鞄の中から、財布と障害者手帳を出してもらい、代わりにチケットを買ってもらった。

会場に入ると、壁の下のほうにかけられた絵画は見られるが、上のほうの絵画はよく見えない。それでも気になる絵画があったので、側にいる係員に、「よく見たいのですが、外していただくことはできませんか？」と聞くと、「できかねます」と冷たく言われた。

奥に広い部屋があった。ドアから中をのぞくと大きなものが展示されている様子だ。特別な豪華な部屋で、絨毯もフカフカだ。Mさんは部屋に入るのをやめた。

メイン会場の隅にカウンターがあり、住所氏名を書くと、次の案内を送ってくれるという。Mさんは、ペンがうまく握れない。スタッフが「私が代筆いたしましょうか？」と言ってくれ、「お名前は？ お電話番号は？」と尋ねながら、代筆してくれた。

廊下に出ると自動販売機があったが、ボタンが高くて押せない。そこに、一人の若い男性が声をかけてきた。

「松田さん、何か買うの？ 自分も買うけど、一緒に買ってあげようか？」

Mさんは知らない人に名前を呼ばれて驚きながらも、「あ、ありがとうございます」と言い、鞄の中から財布を出そうと手間取っていると、突然目の前にコーラが差し出された。「はい、どうぞ。お金はいいよ」。"え？ なんで？ そしてコーラ！ 炭酸は苦手なんだけど……"でも、彼の善意に感謝しながら、「ありがとうございます」とペットボトルを受け取った。男性はすぐに立ち去った。

"どうやって開けようかなぁ"、Mさんは一人でペットボトルのフタが開けられない。仕方なく、財布と一緒に鞄にしまった。

2階に喫茶室があるので、そこで何か飲もうとエレベーターで行ってみた。混んでいて待つ人が列をつくっていた。スタッフが来て、「よろしければ、先にお通ししましょうか？」と申し出た。Mさんは、「いいえ、順番を待ちます」と申し出を断って待つことにした。

――――――――――――――

あなたには、Mさんの戸惑いや本当はしてほしかった配慮が、いくつ見つかっただろうか。（解説：121ページ）

第9節　会場到着までのスムーズなご案内

1．来場希望者が求める事前情報を把握する

　第2章でも触れたように、ユニバーサル・アクセシビリティの高い広報・案内をすることが大切です。しかし、案内されたイベントそのものについての情報だけではなく、どのような交通機関でその会場まで行けるのか、開催日や開催時間はいつか、混雑の状況はどうなのか、車いすでも使用できるトイレがあるかどうかなど、来場希望者はより多くの情報を求めます。

　事前に求められる情報としては、次のようなものが挙げられます。

事前情報として求められる主な内容

① イベント会場の最寄り駅のバリアフリー情報
　（エスカレーター、エレベーター、多機能トイレ　等）
② 最寄り駅から会場までのバリアフリーな道順
　（比較的安全な道順）
③ 障がい者用駐車場の有無と予約の可否
④ 事前登録・当日登録の有無
⑤ 高齢者・障がい者割引入場の有無
⑥ 車いす・ベビーカーなどの貸し出しの有無
⑦ シルバーカーでの観覧の可否
⑧ 会場案内図（多機能トイレ、医務室、託児室、エレベーター、エスカレーター、補助犬用トイレ、ＡＥＤなどの有無と設置場所を明記する）
⑨ ユニバーサル・オペレーションの内容（手話通訳、点字パンフレット、触知図、触知模型、音声ガイド、外国語通訳などの有無）
⑩ 特に注意すべき演出内容（刺激的な音や光の演出がある場合）

　不便さがある来場希望者ほど、事前情報を入手することは、とても重要になります。運営側も、こうした情報をしっかりと把握して、伝えられるようにしておきましょう。

また、開催が近づいたら、**最寄駅から会場までの駅や道路等で、いつもと違う状況がないかどうかを確認しておく**ことも大切です。

例えば、会場までのメイン通路で工事をしていないかどうか、以前と目印になる建物や看板などが変わってしまっていないかなども確認しておきましょう。障がいの種類によって通れなかったり、目当てにしていた目印がなくなっていてたどりつけない場合があります。

このような細かい配慮を行い、関係するスタッフ全員が把握しておけると、Webに反映できたり、問合せを受けたときにすぐに来場希望者に伝えることができたりするのです。

道路の工事など、一見すると、担当するイベントには関係ないことだと思いがちです。しかし、「人が移動する」ということを、点で考えるのではなく、線で、あるいは面で考える習慣をつけると、いろいろなことが見えてきます。

● 年度末は出かけられない ●

2月から3月末にかけて、道路のあちこちが掘り返される。年度末の風物詩ともいえる水道管工事やガス工事だ。

全盲のTさんは、怖くてこの時期は一人では出かけられないという。

Tさんは、毎日自宅から会社まで一人で通勤している。家を出て、左に300歩で右に曲がる。曲がる直前の花屋さんがよく挨拶をしてくれる。曲がってしばらく直進してカレーの匂いがしたら、すぐに左へ。500歩ほど歩くと、駅につながる誘導ブロックまでたどり着く。毎日決まった道の音、匂い、誘導ブロックを頼りに電車に乗る。

しかし、この時期は違う。「迂回お願いします」という声とともに、道の端を歩くように指示されたり、白杖が通行止のバーにからまったり、カラーコーンを倒してしまったりする。残業や飲み会で遅くなると、さらに夜間工事も追加される。

「そちらの道を入ってください。すぐ小学校が見えてくるので、そこを左に行って、カーブミラーがある角を右に曲がると、この先の道に出ます」

何人もの人に迂回方法を説明しているのだろう。案内担当者から流暢な説明を受ける。しかし、Tさんには、そちらの道も、小学校も、カーブミラーも見えない。

だからTさんは、年度末の間は家族に送り迎えを頼んで、4月が来るまで一人で外出するのは控えるのだという。

第4章　ユニバーサル・オペレーションとその事例

2．来場者がアクセスするツールのユニバーサルデザイン

　一般的に、来場希望者が事前に情報を得るためのもっとも多い方法がWebです。そして、双方向の問合せツールとしては、電話と電子メールが主な方法となります。
　これらについて、アクセシビリティを見ていきましょう。

（1）Webアクセシビリティ

　Webは、いろいろな特性のある人が使いやすい情報入手ツールといえるでしょう。例えば、日本語がわからない人は、翻訳ソフトで自国の言語に変換できます。見づらい人は、文字を大きくしたり、白黒反転させる人もいます。外出が難しい人も、Webを通して自宅にいながら情報収集ができます。特に目の見えない人は、**読み上げソフト**と呼ばれるアプリケーションを利用して、文字を音声に変換させて聞くことができます。しかし、イベントのチラシをそのままスキャンして、画像として掲載したのでは、読み上げソフトは、画像のデータファイル名を読み上げるだけになってしまいます。
　Web作成を行う場合には、次のようなことに気をつけましょう。

> **Webのアクセシビリティの主な注意事項**
> - 画像ファイルには必ず適切・具体的に画像を説明できる代替テキストを表示する。
> - 機種依存文字は使わない。
> - 音声読み上げ時に理解しやすいよう、コンテンツの並び順に配慮する。
> - リンク表示・ボタン等は識別しやすく、操作しやすい大きさ、レイアウト、テキストにする。
> - PDFファイル等を用いる際、リンク先のファイルの種類を明示する。例：PDFの場合：「ファイル名 (PDF形式：xxxKB)」
> - 内容を理解し操作するために必要な情報は、色、形もしくは位置のみに依存してはならず、必ずテキスト情報を併用する。
> - 動画や音声情報の内容は、テキストでも提供する。　　　等

本書では、インターネット上のウェブサイト (website) を、"Web" と表記している。他にも、サイト、ＨＰ、ホームページ、インターネットなどと、いろいろな呼ばれ方をする。

WebアクセシビリティのJIS規格：JIS X 8341-3

規格番号は「８３４１（やさしい）」に由来している。

代替テキスト：画像が表示されない場合に、代わりに表示されるテキストのこと。指定するためには、画像にalt属性をつけて代替テキストを記述する。ページの見映えのためだけに配置した画像など、情報として意味をもたない画像については、alt属性を空欄にする。視覚障がいのある人の助けになるだけでなく、画像検索の対象にも関係する。

106

第9節　会場到着までのスムーズなご案内

（2）双方向の問合せツール

①電話でのアクセシビリティ

　聴覚障がいのある人は、受話器からの声が聞こえないので、電話ができません。また、発声に障がいがある人も、話すことが難しいので使用できません。こうした人がいることを考え、電話だけではなく電子メールやＦＡＸなど、他の方法も用意しておき、参加予定者もその番号を簡単に知ることができるようにしておきましょう。

②ＦＡＸでのアクセシビリティ

　電子メールなどの発達で、ＦＡＸを使ったことのない人も多いかもしれませんが、電話が使えない聴覚障がいのある人の多くが、ＦＡＸを持っています。ぜひ、ＦＡＸでのアクセスも準備しておきましょう。

③電子メールでのアクセシビリティ

　例えば、母語が手話の聴覚障がいのある人は日本語の文章が苦手な人が多くいます。母語が日本語以外の外国人も同じです。ＩＴに不慣れな人もいますので、専門用語などはできるだけ使わずに、やさしい日本語で書くように気をつけましょう。

● 車いすだからこそ自動車 ●

　「旅行？　だったら僕が車を出すよ」、Ｍさんが友達のＷさんに言った。この２人のうち、１人は両足が欠損しており車いすを使用している。あなたは、どちらが障がいのある人だと思っただろうか？　実は、Ｍさんである。

　車いす使用者の多くが、通勤などで車を利用している。なぜなら、満員電車で通うことが難しいからだ。電車の中で車いすはスペースを必要とする。階段は使えない。車両に乗るにもひと手間かかる。「周りの乗客の刺さるような視線もつらい」と言う。

　しかし、車ならば自由だ。手ですべて操作できるように改造すれば、自分で運転できる。一人で乗り込み、一人で車いすを畳んで、上手に車内に納める（54ページ参照）。

　イベントで駐車場を設けるときは、障がいのある人のための場所を設けることはもちろん、その数も多めに準備したいものである。

第4章　ユニバーサル・オペレーションとその事例

3．運営側の来場予定者情報の入手

　イベントにどんな人が来場する予定なのかがわかると、運営側にとって、大きなメリットを生み出します。高齢者が多ければ、腰かけて休む場所を増やしたり、外国人が多いことがわかれば、その国の言葉のサインを多く準備しておくでしょう。

　情報入手のもっとも確実な方法は、**事前登録**でしょう。Webだけでなく、電子メールやＦＡＸ、電話など、誰もが登録できるように複数の方法を用意する必要があります。また、イベントに先がけて行われるプレイベントによっても、来場者の動向を把握することができます。

> プレイベント：先行イベント。イベントの前に、その広報を主な目的とするイベント。和製英語である。「Pre」は「事前に」という意味がある。
>
> また、イベントが終わったあとのイベントは、ポストイベント（postevent）という。postは「後に続く」という意味がある。
>
> 要約筆記▶148ページ参照
> 磁気誘導ループ▶143ページ参照

```
事前に把握したい来場者情報
① 来場者の属性：氏名、性別、年齢、所属　など
② 連絡先：電話、ＦＡＸ、電子メールアドレス　など
③ 希望する支援の内容
   チェック項目：
   □手話通訳　　　　　　　　□要約筆記
   □音声拡大装置（赤外線補聴システム、磁気誘導ループ等）
   □文字資料　　　　　　　　□点字資料
   □車いす専用駐車場　　　　□車いすの貸し出し
   □音声読上げテキストデータ
   □視覚障がい者のサポートスタッフ
   □外国語通訳（　　　　　　語）
   □赤ちゃん休憩室
   □託児サービス（　　歳）
   □その他（　　　　　　　　　　　　）
④ ヘルパー（介助者）の同伴の有無
⑤ 補助犬（盲導犬、介助犬、聴導犬）の同伴の有無
⑥ そのほか必要な事項（記入欄：　　　　　　　　　）
```

　対応できない内容が書かれていたら、本人に連絡して他の方法で対応が可能かどうか、確認することもひとつの方法です。

●聴覚障がいのある人は電話が使えない●

　株式会社プラスヴォイスでは、聴覚障がいのある人が「リアルタイム」で双方向のコミュニケーションをとれるサービスを展開している。聞こえないと電話が使えない。ならば、電子メールを使えばよいだろうと思うかもしれない。しかし、相手が確実にその場でその情報を受け取っているかどうかはわからない。電話だからこその即時性を実現するために、プラスヴォイスでは、「手書き電話UD」や「電話リレーサービス」を開発・実施している。

【手書き電話UD】

　キーによる文字入力だけでなく、指先で自由に書いた内容を相手に送り、相手は書いている瞬間から一緒に見ることができるアプリ。話す声を音声変換したり、キーで通常入力も可能だ。

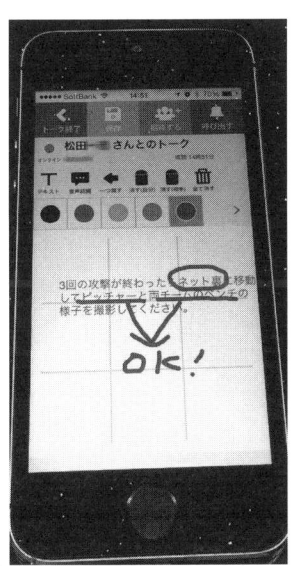

　大きな特徴は、相手も、同じタイミングで文字が書かれている様子が見えることで、電話で相手の言葉に割り込むように、書いている途中でこちらから書き加えることもできる。

　また、相手が書いた文字に○をつけたり、矢印を書き加えたりできるので、キーボードに慣れない人や日本語が苦手な人も、使いやすい。電話ができない聴覚障がい者に便利なだけでなく、騒音のなかでのコミュニケーションやコンサートスタッフに音を出さずに指示をしたい場合など、さまざまな使い方が考えられる。

【電話リレーサービス】

　企業の受付やコールセンター、駅や空港などには、多くの人から問合せの電話が入る。しかし、聴覚障がいのある人は気軽に問合せの電話をかけることができない。こんなとき、電話リレーサービスを利用すると便利である。聴覚障がいのある人は、テレビ電話でイベントについて手話で質問をする。リレーセンターのサービス担当者が音声でイベント運営側のコールセンターなどに伝え、その答えをテレビ電話を使って本人に手話で伝える。イベントによっては、必須のサービスではないだろうか？

協力：株式会社プラスヴォイス
www.plusvoice.co.jp

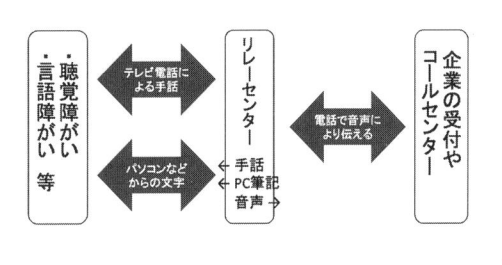

第4章　ユニバーサル・オペレーションとその事例

第10節　受付から会場内のご案内と留意点

　会場に近づくと、同じイベントに向かう他の来場者も多くなり、目の前にパビリオンやめざす建物が見えてくると、ワクワク感は否応なく高まります。スムーズに会場の入口を通ると、イベントの顔ともいえる受付があります。受付で心地よい対応がなされると、来場者は気持ちよくイベント会場に入ることができます。ここで嬉しい対応をされるかされないかで、そのイベントに対する印象は大きく左右されるといえます。

　会場の受付では、予約の確認、チケットの販売、手荷物のチェック、資料の配布、会場の案内など、イベントによってさまざまな業務があります。しかし、どの業務においても来場者とのコミュニケーションをとることが必要です。そこでコミュニケーションに不便さがある聴覚障がいや精神障がいのある人、そして外国人など、多様な来場者とスムーズにコミュニケーションをとるためのポイントを学んでいきましょう。

1．コミュニケーション支援ツールの活用

　知的障がい、発達障がい、聴覚障がい、日本語のわからない外国人など、日本語によるスムーズなコミュニケーションが難しい来場者とコミュニケーションをとるためのツールにはいろいろなものがあります。受付に用意し、担当者全員が置き場所と使い方を把握しておきましょう。

①パンフレット

　英語や韓国語、中国語など、自分がスムーズに理解できる言語で書かれた会場の案内図は、言葉によるコミュニケーションが難しい来場者にとって、とてもありがたいツールとなります。写真や絵などが多いパンフレットは、文字が読みづらい人にとっても助けになりますし、文字が大きく太いフォントのものは、高齢者にも読みやすいパンフレットになるでしょう。視覚障がいのある人には、**点字**付きの会場案内パンフレットやテキストデータを用意したり、音声コード付きのパンフレットを用意したいものです。

点字は1825年、パリの盲学校の生徒であったルイ・ブライユによって考え出された。日本語に置き換えたのは、1890年に盲学校の教師だった石川倉次。一般に縦3点、横2列の6点を1マスとし、この6点を凹凸で組み合わせることにより、文字の形を表している。点を読む側が凸面で、左から右に触って読んでいく。
ただし、視覚障害者の全員が点字を読めるわけではないことを知っておいてほしい。

第10節　受付から会場内のご案内と留意点

●多言語が読み取れる・聞き取れる Uni-Voice ●

　イベント来場者の多様化が進むなか、多言語対応に困難を感じている主催者や出展者への朗報となるＩＣＴを紹介したい。

　まず、「Uni-Voice」というアプリケーションをスマートフォンなどのデバイスにダウンロードする。そして、カメラ機能でパンフレットなどに印刷された「音声コード」を読み取る（写真①）。すると、書類内容が読み込まれる（写真②）。音声で聞きたい人には、音声で読み上げてくれる。デバイス内蔵の言語を活用すれば、英語だけでなく、フランス語や中国語など必要な言語で表示・読み上げをしてくれる。手話も可能である（写真③）。

　情報提供には、事前に内容を翻訳してコードに埋め込む必要はあるが、何か国語もの案内書やパンフレットを作成し印刷する必要もなければ、パンフレット置き場の貴重なスペースを占領しなくて済む。1枚の日本語のパンフレットに、コードを一つ付ければよいのだ。グローバル化しているイベントの多言語対応に対し、まさに画期的な仕組みである。

　この音声コードは、障害者基本法の改正に伴う「障害者差別への違反」にならないようにNPO法人日本視覚障がい情報普及支援協会が、視覚障がいのある人が情報を音声で聞くことができるように開発した技術である。

　Uni-Voice事業企画株式会社は、スマートフォン等に内蔵されている言語機能をこの技術に活用して、多言語対応ができるようにしている。写真は公益財団法人日本対がん協会のパンフレットであるが、日本語・英語・中国語・韓国語と手話の5つの言語を内蔵させた。5つの言語を話す人だけでなく、見えない人や文字情報で読むのが苦手な人へも対応できる。ユニバーサルイベント会場での、心強い味方になる技術ではないだろうか。

協力：Uni-Voice事業企画株式会社
www.uni-voice.co.jp

▲写真①　右下の四角い点状のものが「音声コード」

写真②▶
読み込まれた情報が、テキストとしてデバイスに表示される。英語を選択した例

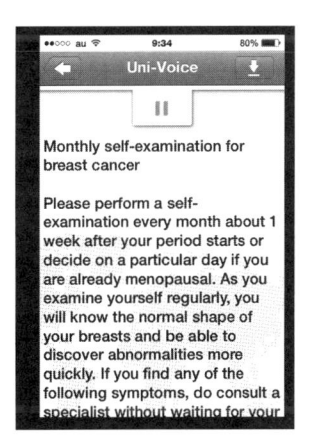

写真③▶
手話の場合はYouTubeの動画にリンクされる

第4章　ユニバーサル・オペレーションとその事例

②コミュニケーション支援ボード

コミュニケーション支援ボード（支援ボードとだけ呼ばれることもある）は、さまざまな場面で困ったときに簡単にコミュニケーションがとれるように工夫された、絵を見てわかるサポートツールです。日本語、英語、中国語、韓国語の4か国語で書かれており、場面や状況ごとに6枚のボードがあります。落としものや迷子、具合が悪い、行き方がわからないなど、該当する絵を指差してもらえば、何に困っているのか、すぐにわかって対応することができます。

ボードの下には、「はい」「いいえ」「わからない」「筆談」などの表示があり、上の絵とあわせて使うと、さらに相手の要求がわかりやすくなります。

このボードは、下記の URL からダウンロードできるので、受付用などにカスタマイズして置いておくと便利です。

▲公益財団法人交通エコロジー・モビリティ財団の Web よりダウンロードすることができる。目的により、カスタマイズも可能。http://www.ecomo.or.jp/index.html

112

③耳マーク

　聴覚障がいのある人は外見からはその障がいが見えません。ですから、受付では自分から聞こえないことを伝えなければなりません。しかし、生まれたときから音を聞いたことがない人は言葉が不明瞭な人が多く、外国人や知的障がい者に間違えられたりすることもあります。そして、混んでいたり、並んでいたりする受付で、「聞こえないので、書いてください」というのは、とても勇気がいるものです。

　この耳マークは、受付等に置くことで、そうした人たちに「聞こえません。筆談してください」と言いやすくなってもらうためのマークです。

▲一般社団法人全日本難聴者・中途失聴者団体連合会より。http://www.zennancho.or.jp/index.html

④筆談器

　付属のペンを使って文字や絵が書けるボードです。ボタンを押すと消え、手軽に筆談ができます。受付には１台置いておきたいツールです。

　この他にも、スマートフォンやタブレットには、コミュニケーションを助けるいろいろなアプリケーションが用意されています。

　イベントの受付などでどのように活用できるのか、積極的に工夫してみるのもよいでしょう。

2．必要な対応能力とスタッフ

　支援ツールを置けば、それですべての来場者に十分な対応ができるわけではありません。来場者と運営側がともに同じ空間を共有するイベントでは、人対人の対応がもっとも重要となります。
　そこで、受付にも、さまざまな障がいについて理解と配慮ができるスタッフを配置することが重要になります。ここでは、どんな不便さがあるのかを全スタッフが十分に理解できていることが必要です。理解ができていれば、必ずしも手話や外国語ができなくても、来場者を満足させる対応をすることが可能です。

　例えば、手話を使う来場者が受付にやってきたとき、スタッフが「いらっしゃいませ」、「ありがとう」などの簡単な手話ができるに越したことはありません。しかし、手話ができなくても筆談やコミュニケーション支援ボードで対応できるでしょう。
　ただ、聴覚障がいの特性を理解しておらず、"話ができても聞けない"という人もいることに考えが及ばないと、不十分な対応をしてしまうことがあります。また、その人が聞き取りにくい話し方をしていると、『この人は知的障がいなのだろうか？　それとも外国人？』などと誤解してしまうことがあります。そして、**勘違いの対応が後に大きな問題を生む恐れもあります**。

　どのような特性の来場者がいらしても、他のお客さまと同じように心を込めて丁寧に接し、ご案内するという姿勢を、一人ひとりのスタッフがもつことが、何より重要なのです。

> 以前に聞こえていたり、話すことを訓練した聴覚障がい者は、話すことができる。しかし、聞くことには障がいがある。また、自分の耳で自分が発音している音を確認することができないので、聞き取りにくい発音になりがちである。

●UDトーク●

「来場者＝多様な障がいのある人や高齢者、外国人等」、「スタッフ側・運営側＝障がいがない人」と考えがちであるが、スタッフ側・運営側に障がいのある人がいる場合もあるし、むしろいたほうがよいのではないだろうか。

例えば、スタッフ側に聴覚障がいのあるスタッフがいた場合、聴覚障がいのある人にどんな情報が届かないのかをスタッフ本人に聞くこともできる。また、受付に手話ができる聴覚障がいのあるスタッフがいれば、来場者に手話でご案内もできる。

ただ、聴覚障がいのあるスタッフと一緒にイベント運営を行う場合、多くの聴覚障がいのあるスタッフがもっとも困るのが、「会議」だという。

複数人で進める会議では、そのときに発言している人が誰なのかがすぐにわからないので、口も読めなかったり、メモをとるとその間に発言者が替わっているなど、一緒に話し合うことが難しい。

こうした場面に対応するために、「UDトーク」http://udtalk.jp というアプリケーションがある。アプリケーションを立ち上げ、Wi-Fi でそれぞれのスマートフォンなどをつなげる。そして、発言者が話すと、その人のアイコンと話した内容が文字になって表示される。聴覚に障がいがあっても、このアプリケーションを使えばリアルタイムに会話がわかり、一緒に会議を進行することができる。

この他にもいろいろな工夫ができるだろう。例えば、発言者は必ず手を挙げて名乗ってから話す、数字や時間などの重要なことはホワイトボードに書く、聴覚障がいのあるスタッフの隣で PC に発言内容を入力していくなど、全員が参加できる打合せ・会議ができるように工夫していこう。

こうした工夫が、相手の状況を考えることにつながっていくのだ。

開発：Shamrock Records 株式会社
shamrock-records.jp
販売：株式会社プラスヴォイス
www.plusvoice.co.jp

3．会場内との連携

　例えば、車いす使用のお客さまが一人で来場した場合を考えてみましょう。まず、受付担当者は、会場内のどの場所に段差があって、サポートが必要なのか、などを把握している必要があります。次に、会場内にいるスタッフに、その人がイベントを楽しむために必要なサポートを連絡することが必要です。そのためには、**来場者に必要なサポートを具体的に聞いて、各関係者とその情報を共有すること**が大切です。

　受付と会場スタッフの連携がうまくいっていないと、来場者はサポートを受けるたびに、そのときのスタッフに同じことを繰り返し伝えなければならないからです。

　「行って良かった」という感想のなかで特に多いのは、「一度、サポートについて伝えると、どこに行っても同じ対応をしてもらえて、非常に楽しくイベントが体験ができた」というものです。

● どこへ行ってもＰメーカーのドリンク ●

　世界のあちこちにチェーンをもつあるホテルでは、こんなことが体験できる。

　ニューヨークにあるそのホテルを予約するとき、「枕は固めでお願いします。それから、Ｐドリンクを冷蔵庫に入れておいてください」とリクエストしたとしよう。しばらくしてその人が、シンガポールにある同じ系列のホテルに泊まったとき、特に何も言わなかったのに、枕は固めで冷蔵庫にはＰドリンクが入っていた。その後、パリで泊まっても、ドバイに泊まっても、枕は固めでＰドリンクが用意されている。

　系列内で情報が共有されており、この人から予約が入ると、スタッフは情報を元に、枕を変え、冷蔵庫にＰドリンクを入れるのだ。

　これに気づいてから、その人はどこに行っても、必ずこのホテルを予約する。

　特に説明しなくても、自分のことを知っていてくれることは、とても嬉しく、自分が特別な存在だと感じられるのだ。

　イベントでも、このようなおもてなしの心をもって、応対していきたい。

● フラット・ナビが変えるイベント会場 ●

　点字ブロックは、視覚障がいのある人が安心して歩くための重要なガイドである。しかし、イベント会場のデザイナーにとっては、黄色く会場をはうタイルは悩みの種だ。また、車いすを使う人やつまずきやすい高齢者にとって、ときに危険なものにもなる。

　2014年、「フラット・ナビ」というシステムの開発が始まった。ICカード乗車券のような電源のいらないICタグ（写真①）を仕込んだ30cm角のフラットで薄いパネル（写真②）は、床の上などに置かれる。一方、読取機は足首や履物などに取り付ける（イラストはアンクレット状のデザイン）。読取機がICタグに書き込まれた情報を読み取ると、足に振動をフィードバックするとともに、デバイス（スマートフォンなど）で音声や文字に換えて利用者に伝えるという仕組みだ。

　これに「階段まで3メートル」「5メートル先突き当たり」などの情報をあらかじめ仕込んでおけば点字ブロックの代わりとなり、パネルの色次第で目立たせも隠せもする。電源がいらないので設置も撤去も簡単だ。

　これは、視覚障がい者だけではなく、そのイベントに来場する多くの人達が利用できるだろう。例えば、チャンネルを変えることで、レストランやトイレを探す人にも役立つ。他言語による会場ガイド、スタンプラリーといったサブイベントへの活用など、いろいろと活用できそうだ。

　開発に協力する石田尚人氏は言う。「大型イベントでは、会場内を無駄なく歩いてもらうことはとても大切。疲れなければ、余計にお土産も買ったり、レストランに寄ったりできる。もう1つ2つ余計にアトラクションも見られて満足度も高まる。何よりも経済効果が上がる」。

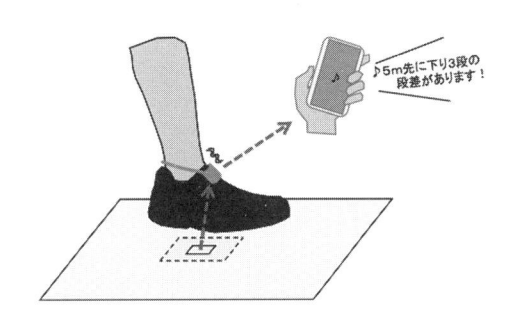

　この技術は株式会社ゴビの新しい取り組みである。イベントはエリアが限られ期限もある。だからこそ、こうした新技術を率先して取り入れ、新たな活用を試みることができる、まさに絶好の場ではないだろうか。

① ICタグは45×45mm程度の薄いフィルム状で、安価につくれる▶

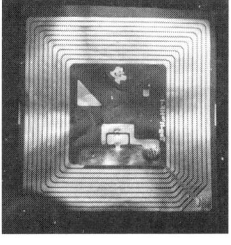

② チップを仕込まれたパネルが受付まで置かれている様子▼

提供：株式会社ゴビ
www.go-v.co.jp
協力：株式会社フォネックス・コミュニケーションズ
www.phonex.co.jp

4．会場内の導線での配慮

　あるアミューズメント会場での話です。一人の車いす使用者が、わずかな段差を越えようとして車輪をとられました。その情報を受けて、運営スタッフは閉園してから徹夜で段差を取り除いたそうです。
　また、野外のコンサートイベントでは、字幕設置の場所を向かって右側と決めていたのですが、午後になると日差しの向きが変わって見づらくなることがわかり、左側に変えました。
　イベント会場内の導線は、企画・計画のときからしっかりと考えてつくられています。しかし、このように**実際にイベントが開催された後でも、さまざまな理由で会場は変化していきます**。些細に思えるような変更点であっても、運営スタッフは毎朝きちんとチェックをしておきましょう。それが、多くのお客さまが安心して楽しめる運営の基本となります。

　運営スタッフは、会場内の各所に設置されている案内サインなどの内容と位置をしっかり把握しておくことです。トイレの位置を把握しておくことも、とても重要です。位置を把握するだけではなく、いつ混雑するのかといった時間帯別の変化も覚えておきましょう。
　視覚障がいのある人のなかには、日頃、一人で通勤したり買い物したりする人達もいます。しかし、イベント会場内は日常とは違う場所ですので、一人での移動は困難が生じます。サポートや案内を求められたら、気持ちよく対応しましょう。

　次に、受付などの案内時や会場内で必要な、車いす使用の人、視覚障がいのある人、聴覚障がいのある人、高齢者へのサポートを紹介します。しかし、「この障がいにはこの対応！」と決めつけず、まず本人に「どのようにサポートすればいいですか」と尋ねて、一人ひとりが求めるサポート方法で、丁寧にご案内しましょう。

【車いすのサポートの仕方】

①必ず声をかけて、確認してからサポートする

　車いす使用者は、車いすに座っているのではなく、正座をして乗っている状態だとイメージしましょう。足に力が入らないため重心がとりにくく足を踏ん張る力がないため、車いすを急に押されたりすると、簡単に前に転げ落ちてしまう人もいます。

　車いすを押す前には、必ず「では、押します」「左に曲がります」と、自分の行動を伝えてください。「動きますよ」、など、前もって行動を伝えることが安全につながります。

　そして、押すときには車いすの真後ろに立ち、両手で左右のグリップを深くしっかりと握り、前後左右に注意してから、ゆっくり静かに押しはじめましょう。

②話すときはできるだけ目線の高さを揃える

　車いすを使用している人は視線の位置が低いので、話すときは腰を屈めるなどして、目線を同じにして話してください。

　上から見下ろしたままでのコミュニケーションは、低い視線から見上げる人にとって、威圧感を感じさせます。

第4章　ユニバーサル・オペレーションとその事例

③机やテーブル

車いすでは、蹴込みがなく足が入らない机やテーブルは、とても使いにくくなってしまいます。机を利用するさいには、**ひざが机の天板の下に入るかどうか確認**しましょう。

> 蹴込み ▶
> 77ページ参照

④ドアを開けるとき

車いすからではドアノブが高い位置にある場合、あまり力が入りません。ドアを開け、車いすが**完全にドアから離れるまで手を離さない**ようにします。

⑤ストッパーはしっかりかける

止まっているときに必要なストッパー（ブレーキ）の位置はあらかじめ確認し、操作もひと通り動かす前に行っておく、あるいは、聞いて確認してからサポートします。**ほんの少しの停止でも、ストッパーは確実にかける**ことが安全の第一歩です。

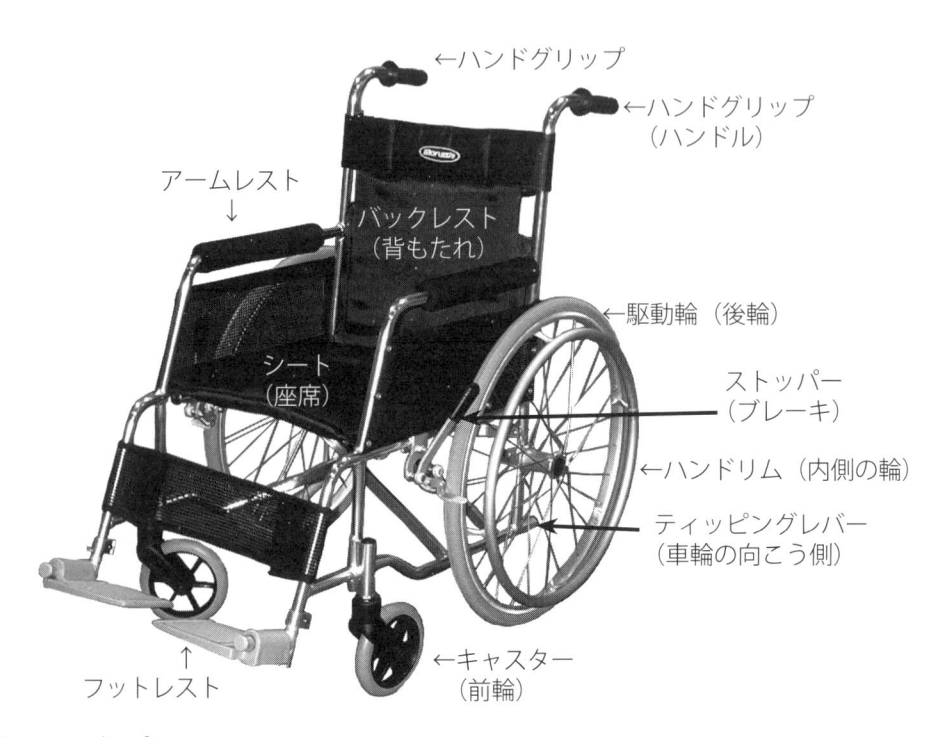

図の説明：
- ←ハンドグリップ
- ←ハンドグリップ（ハンドル）
- アームレスト↓
- バックレスト（背もたれ）
- シート（座席）
- 駆動輪（後輪）
- ストッパー（ブレーキ）
- ←ハンドリム（内側の輪）
- ティッピングレバー（車輪の向こう側）
- ↑フットレスト
- ←キャスター（前輪）

写真提供：ＵＤジャパン

第10節　受付から会場内のご案内と留意点

⑥椅子やトイレなどへの移乗

　椅子やトイレなどへの移乗のサポートも、本人の状態で千差万別なので、本人に確認してから行うことが原則です。右のイラストのように、必ず**2人以上でサポート**しましょう。

　また、時計やバッジ（名札など）、アクセサリーなどは、引っかからないように、あらかじめ外しておいたほうがよいでしょう。上着を脱ぐなど、できるだけ軽装で動きやすくします。

⑦スロープ（坂道）でのサポート

　スロープ（坂道）の下りは、後ろ向きになり、サポーターの身体でスピードを抑えながら下りていきます。

　常に、**坂道の下っているほうにサポーターがいること**が基本となります。

　前向きに下りると、本人にとって危険なばかりでなく、サポーターが車のスピードを自分の腕の力だけで抑制しなければならないため、長い坂道などでは非常に体力を要し、危険です。

【103ページ解説】

- 受付窓口でチケットを買おうとしたら、高くて何も見えない。
- 上のほうの絵画はよく見えない。
- 自動販売機があったが、ボタンが高くて押せない。
解説：車いすを使用しているときは、高い場所が見えにくかったり、手が届かなかったりする。

- 財布と障害者手帳を出してもらい、代わりにチケットを買ってもらった。
解説：大切な財布と障害者手帳を初めて会った人の手にゆだねるのは勇気が必要だ。

- 絨毯もフカフカだ。
解説：車いすの車輪に食い込み、動きがとれなくなる可能性がある。

- 「お名前は？　お電話番号は？」と尋ねながら、代筆してくれた。
解説：個人情報の漏洩に注意。近くにいる第三者に聞こえないように会話をする必要がある。

- 「松田さん、何か買うの？　自分も買うけど、一緒に買ってあげようか？」
解説：「松田さん」と声をかけられたのは、先ほどの代筆の会話が耳に入っていたのだろう。

- 「はい、どうぞ。お金はいいよ」。
解説：親切の押し売り。本人が望むことをすることが大切。「何かお手伝いすることはありませんか？」と尋ね、「飲み物を買ってください」と言われたら、手伝うべきだった。

- 一人でペットボトルのフタが開けられない。
解説：車いす使用者は歩けないだけでなく、手にも不便さがある場合が多い。

- 「よろしければ、先にお通ししましょうか？」
解説：親切の押し売り。本人の体調が悪そうだったり、車いすで他の人の通行を妨げているようだったら、その理由とともに、先に中に入りたいかどうか、聞くとよい。

⑧段差でのサポート

　車いすで段差を乗り越えるときには、注意が必要です。一度、イベント前に車いすを借りるなどして経験をしておくとよいでしょう。

段差の上り方
① 段差に本人の足がぶつからない程度に近づく。
② 車いすを段差と直角になるようにする。
③ サポーターのほうに車いすを傾けてキャスターを上げる。ステッピングバーを踏むと楽に上がる（イラスト左）。
④ 車いすを駆動輪で支えながら、キャスターを段の上に乗せる。
⑤ 後輪は転がすように前方に押し上げ、段に乗せる（イラスト右）。

段差の下り方
① 段差を下りるときは、段差の手前で、車いすを後ろ向きにする。そして、駆動輪だけをゆっくりと下ろす。
② 車いすをサポーターのほうに少し傾けキャスターを上げ、ゆっくり後ろに下がり、本人の前足がぶつからないところまで下がったら、そっとキャスターを下ろす。

> 車いすごと階段を上り下りする場合
> ① 周囲の人に協力を求める……4人で持ち上げることが基本となるので、周囲の人に協力を求める。
> ② 向きを確認する……車いすの向きは「上がる場合は前向き」、「下りる場合は後ろ向き」が原則。サポートの仕方は、本人の安心できる方法があるので、本人に聞いて、4人で息を合わせて行う。
> ③ 上り切ったら1メートルくらい先に進んでから置く。

階段を上り切っても、すぐに車いすを下ろしては危険である。少なくとも1メートルくらいはそのまま前方へ歩く必要がある。上り切ってすぐに下ろすと、車輪が動いてそのまま階段を落ちてしまいかねないからだ。

⑨トイレへの配慮

　第2章でも述べたように、足の感覚のない車いす使用者は、ユニバーサルトイレを利用します。多くの人が事前に、「出先に車いすで使用できるトイレ」があるかどうか、確認してから出かけるといいます。もし、ユニバーサルトイレの設置が難しい場合でも、近くのデパートや駅などに設置されているかどうかを調べ、案内できるとよいでしょう。

　車いすの場合、トイレに15分程度時間がかかる人も多くいます。そのために、車いす使用者が数人で来場した場合などは、分散してご利用いただくよう配慮するとよいでしょう。

　またユニバーサルトイレは、一般のトイレを使用できる人も使います。混んでいるようなら、スタッフが丁寧に説明して、車いす使用者や子どものおむつ替えが必要な人に先に譲ってもらえるように働きかけていきましょう。

　車いすを使用している人は百人百様です。例えば、事故などによる脊髄損傷の場合でも、歩くことができないだけでなく、体温調整、排尿排便機能、痛覚などの感覚麻痺など、いろいろな障がいが複数ある人も多くいます。その人の状態を聞いて、何をサポートすればよいのか確認することが大前提になるのは前述の通りですが、まず、車いすに乗っている人はどんな状態なのか想像してみたり、実際に車いすに乗ったりサポートする体験をしておくことが、イベントの安全面からも重要です。

【視覚障がいのある人のサポートの仕方】

①話しかけるときは、まず名前を言う

　視覚障がいのある人は、相手の姿からその人が誰なのか判断できません。イベント会場で誰かに声をかけられても、それが他の来場者なのかスタッフなのか、判断ができません。そこで、その人の斜め前あたりから、「受付の田中です」、「スタッフの鈴木です」などと、**声をかけるときに自分の所属と名前を伝えましょう。**

②指示代名詞は使わない

　指示代名詞とは、「これ」「あれ」「あちら」「そちら」という言葉です。「よろしければ、こちらをどうぞ」「そちらにお並びください」「○○ブースはあちらです」と指差しても、視覚障がいがある人には伝わりません。「試食のパンです。召し上がりますか？」「あと３歩、前にお進みください」「○○ブースは、10メートル先を右に曲がって、５メートルほど進んだところにございます」など、**ものの名前や歩数（距離）、数字と単位などをしっかり言葉にして伝えましょう。**

③ものの位置は、基準点をしっかりと伝え、時計を利用する

　「斜め前の３歩ほど先にあります」といっても、どこから３歩なのか、どちらに３歩なのか、がわからなければ、正しい方向に行くことができません。

そんなときは、「お客さまから、2時の方向に3歩」と伝えましょう。真正面は12時、真後ろは6時です。

テーブルの上でも同じように、時計の針の位置を使って説明することができます。その場合、座っている人が6時側にいると仮定し、「7時にご飯、5時にお味噌汁、9時におひたし、12時に魚のお皿があります」などと説明します。

このように時計を使って説明することを、**クロックポジション**といいます。いろいろな場面で使えて便利ですので覚えておきましょう。

④話をするとき／話を止めるとき

きちんとその人に向かって話をすることが大切です。見えないからと、別の方向を向いて話すようなことをするべきではありません。視覚障がいの多くの人は、声の方向や調子などから、相手がどこを見て、どんな気持ちで話しているのかわかっています。

また、そばを離れるときには、必ず「それでは失礼します」、「～をしてきますので、少し待っていてください」など、**自分がいなくなることを伝えてください**。そうしないとまだそこにあなたがいると思って、誰もいないのに1人で話していたりすることになります。

⑤ものを手渡すとき

ものを手渡す場合には、「こちらがチケットです」と渡すものの内容を言葉に出して伝えましょう。「上が表面です」など、一言添えると安全です。

⑥本人が置いたものは動かさない

視覚障がいのある人が自分で置いた杖や鞄は、断りなく動かさないでください。視覚障がいのある人は、自分がどこに何を置いたかしっかりと記憶しています。気を利かせて片付けたり、わかりやすい場所（晴眼者にとって）に移動させたりしないでください。本人がもう一度手に取ろうとしたときに、そこに置いたものがないと大変驚きます。

動かす必要があるときは、必ずその旨を伝え、承諾を得てください。

⑦体や白杖は基本的には触らない
　決して本人の身体や白杖を直接つかんだり引っ張ったりしてはいけません。あくまでも、サポートする人の肩や腕を触ってもらって案内するようにしましょう。そのときに緊張して黙って歩くのではなく、周りで展示されているものや行われているアトラクションなどの状況を説明しながら案内しましょう。

⑧トイレは同性が案内する

　トイレがJIS規格でない場合、視覚障がい者は個室に入ってから大変困惑します。個室の中も音声案内があるとよいのですが、ない場合は次の案内を参考にして、同性のスタッフが案内してください。

> **視覚障がいのある人のトイレへの案内**
>
> ① 個室の場合は、ドアを開け中の様子を把握する。個室には入らず入口で、便器の位置やトイレットペーパー、洗浄ボタン（レバー）の場所、流し方などを伝え、来場者に中に入ってもらう。
> ② 「用が済みましたらお声がけください」と伝え、使用中は少し離れた場所で待機する。
> ③ 来場者が出てきたら、手洗い場まで誘導し、蛇口、石けん、ハンドドライヤーの位置を説明する。
> ＊ 来場者の荷物や白杖は、依頼されない限りさわらない。

JIS名称：JIS S 0026：2007 高齢者・障害者配慮設計指針―公共トイレにおける便房内操作部の形状、色、配置及び器具の配置。

デパートや公共トイレでも、駅の公衆トイレでも、イベントの仮設トイレでも、トイレットペーパーの位置や洗浄ボタンなどがすべて同じ場所にあったら、見えない人でも高齢者でも、戸惑わずに利用できるトイレになる。そこで2007年3月に、公共トイレにおける横壁面の便器洗浄ボタンや呼出しボタン、紙巻器の配置にJIS規格が制定された。

● 本人に話しかける ●

　ある成人男性の車いす使用者の話である。
　「事故で車いすを使うようになった後、ジャケットを買いに百貨店に行きました。初めての車いすでの外出だったので、姉がつき添ってくれたんです。そしたら店員は、姉に話すばかりで私に話しかけてくれないんです。それを着るのも私だし、支払うのも私なのに……。そして最後に子どもに話しかけるように『似合うジャケットが見つかってよかったですねぇ』と言われました。車いすになって、一番屈辱的なことでした」。

　これは、車いす使用者だけでなく、他の障がいのある人からもよく聞かれる状況である。

　障がいがあっても、親の保護を受けている子どもではない。一人の大人であり、誇りと尊厳をもった一個人であることを忘れず、**必ず本人に話しかけてほしい。**

【聴覚障がいのある人のサポートの仕方】

　聴覚障がいのある人と話すには手話を知らなければならない、と思いがちです。確かに手話を知っているに越したことはありません。けれど、聴覚障がいのある人のコミュニケーション方法は、手話の他にもありますし、特に中途失聴者の場合は、手話を知らない人もたくさんいます。
　ここでは、手話以外のコミュニケーション方法を紹介しましょう。

①筆談
　筆談は紙などに文章や図などを書いて、お互いの意思を伝達する方法ですが、どうしても時間がかかるため、すべての言葉を書くのではなく、○、×、→などを効果的に使うとよいでしょう。

> 筆談での留意点
> - 読みやすい文字で書く。
> - 長い文章は避け、短く区切る。
> - 比喩やあいまいな言葉を避け、具体的で簡潔に表現する。
> - 音を表現するひらがなより、意味を表現する漢字を多く使う。

　ただし、先述のように、日本語を書くことが苦手な人がいますので、筆談を強要するべきではありません。

②口話・読話
　口話（こうわ）とは、先天性の聴覚障がいのある人が、訓練により発声を身につけ、声を出して話すことです。手話を解さない者にとって、大変ありがたいコミュニケーション手段です。本人は音を聞いたことがないのに発音をしているため、不明瞭であったり、音量がうまく調節できなかったりする場合がありますが、積極的に耳を傾けてください。
　口話と同様に、聴覚障がいのある人の能力に頼るコミュニケーションに、読話（どくわ）（読唇（どくしん）ともいう）があります。これは、話している人の表情を含め、唇や舌の動きなどを目で見て、何を話しているかを読み取ることです。口話と読話をあわせて、口話という場合もあります。

> **口話での留意点**
> - 話を始める前に、その人が気づくように、手を振るなどして注目してもらう。
> - マスクは外す。
> - 向かい合って、正面から顔が見えるようにする。
> - 自然に、ゆっくりと、はっきりと話す。
> - 話し手の背後から明かりが入ると顔が見にくくなることに注意する。
> - 日にちや時間、金額、重要点などは、紙に書いて示す。
> - ジェスチャーも加える。

1時と7時は、口の形がほとんど同じで、読話で区別することは難しい。しかし、そこに指を1本（1時）立てると、正確に伝わりやすくなる。
手話を知らなくても、ジェスチャーを活用してコミュニケーションをとっていこう。

③空書

「くうしょ」「そらがき」などといいます。手元に紙などがない場合や、短い単語を伝えたい場合、空中に文字を書いて示すことを知っておくと便利です。その場合、相手の側から見えるように配慮する必要はありません。自分の側から見て書いてください。

● 手話通訳者を依頼する ●

手話通訳者の派遣依頼は、地方自治体の障害福祉所管課に相談する。またWebなどでも、通訳派遣団体が探せるだろう。

時間や金額は、都道府県によって異なるが、一般に、1時間、半日、1日などの単位がある。東京手話通訳派遣センターの場合、2時間まで8,000円、以降1時間増すごとに、2,800円を加算することとしている。

また、通訳は特別な脳の使い方（今の話を聞きながら、少し前に聞いた言葉を違う言語に置き換える）をするので、大変疲れる。そのため、1時間を超える場合は原則として2名、4時間を超える場合には3名派遣され、15～25分の時間で交代する。

手話通訳を依頼する際には、
①時間、場所、目的を明確に伝える
②資料があれば、事前に通訳者に提供する
③水や椅子など必要なものを聞いておく
　などの配慮が必要だ。

一般的には時間は待合せ時間からカウントされ、交通費も加算される。

【高齢者のサポートのポイント】

　ある女性が電車に乗っていると、「おばあちゃん、座りませんか？」と席を譲られました。ところがその女性は、「私はあなたのおばあちゃんではありません！」ときつい調子で言って座らなかったのです。なぜでしょうか？

　一人ひとりに名前があり、尊厳があります。"おばあちゃん""おじいちゃん"といった属性でなく、お名前で呼ぶこと、あるいはお名前がわからないときは、「お客さま」と呼ぶことが大切です。

　制度的に「**高齢者**」の範疇に入る人は65歳からです。統計上、65〜74歳を「**前期高齢者**」、75歳以上は「**後期高齢者**」と分類されます。しかし、生き方や価値観、外見や行動は、人それぞれです。最近は、生活習慣の変化、運動施設の充実、行政の指導、良い薬の開発などで、70歳代、80歳代になっても、まだまだ元気に活躍している高齢になった人がずいぶん増えてきました。

　それでも30歳代や40歳代と比べると、理解の早さや集中力は落ちてきます。それは高齢である当人が一番わかっていることでしょう。特に気になるのが、聴力や視力です。高齢になるにつれ自分自身の老化をさまざまな場面で発見し、仕方なく認めていくのですが、それでもやる気や好奇心などの精神面はまだまだ現役だと感じていて、イベントにも積極的に参加したり、ネットワーク活動やボランティア活動にいそしんでいる人もたくさんいます。

　人生の終盤まで、いかに自分らしく自立して生きていくかを真剣に考え、計画的に金銭管理をしている人たちが増えているのです。

　高齢になってもしっかりと社会と関わって自立して生きていることを尊重し、現役世代として丁寧なわかりやすい説明と応対を心がけましょう。間違っても"高齢者だからわからないだろう"などという思い込みで応対しないようにしましょう。

第10節　受付から会場内のご案内と留意点

応対とコミュニケーションのポイント
① 新しい用語は、わかりやすい言葉で伝えられるようにしておく。
② 重要なことは、言葉だけではなく、メモなどに書いてお伝えする（大きめの文字で、行間を空けて、見やすい工夫をする）。
③ 判断に時間がかかっても、せかさずに、ゆっくりと確実に判断していただく。
④ 敬意をもって、他のお客さまと同等に応対する。
⑤ "高齢者だからわからないだろう"という思い込みをもたずに接する。
⑥ 耳が遠いと思っても、必要以上に大きな声で話さない。
⑦ 疲れやすい人が多いので、時間がかかるときは椅子を勧めたり、どのくらいの時間がかかるか最初にお伝えしておく。

第4章　ユニバーサル・オペレーションとその事例

第11節　各ブースでの配慮のポイント

　多くのイベントでは、さまざまな企業や団体が、それぞれの魅力をアピールするためにブースを設置します。祭りならば屋台、会議イベントではロビーでの展示・販売などもこれにあたるでしょう。
　ここでは、こうしたブースで求められるユニバーサルな配慮を見ていきましょう。

1．来場者に積極的な声かけを行う

　イベント会期中のブースでは、それぞれにスタッフ（アテンダント）が、来場者の案内をしています。多様な来場者の対応への配慮でもっとも重要なことは、どのような特性の人が来ても丁寧に対応することです。
　こんなことは当たり前だと思うかもしれませんが、実際に、車いす利用者や白杖を持った人がブースを訪れると、その対応の方法に戸惑い、尻込みしてしまったり、無視してしまうスタッフの姿がよく見受けられます。そのような対応された途端に、来場者は、そのブースの出展企業などに対する信頼感がゼロどころかマイナスにもなるでしょう。

第11節　各ブースでの配慮のポイント

　もし対応の方法がわからなかったら、その本人に「ご興味のあるものがありますか？」などと**自分から声をかけてみましょう**。そうして、説明や案内の方法がわからなければ「どのようにご案内すればよいでしょうか？」と、本人に聞いてください。**同じ種類の障がいでも、一人ひとりの求める方法が違う**場合が多いからです。たとえば、「私は視覚障がいの友人がいるから、視覚障がいの対応はよく知っている」という人がいるかもしれません。しかし、同じ方法で来場者に対応しても、その人には適切な方法でない可能性が高いのです。

　また対応方法だけでなく、イベントや展示物に対するその人の知識レベルによっても説明の仕方は異なります。一人ひとりの来場者が、何に関心があり、どんなことを知りたいのか、それによって対応を変えることは、障がいがあってもなくても同じです。

（1）視覚障がいのある人への配慮と留意点

　前節で学んだように、視覚障がいのある人にもいろいろな状態があります。基本的に白杖を持っている来場者であれば、通常はブース全体の様子は把握できていないでしょう。まず、自社のブース全体の状況を簡単に説明することが必要です。そのうえで、何か関心があるものがあるか、何について説明してほしいかなどを本人に聞いてみます。そして、本人の希望に沿って説明や体験をしてもらいましょう。

　このとき、案内パンフレットや説明シート等に、音声コードなどをつけておくと喜ばれます。最近ではさまざまな音声コードがあり、持参したスマートフォンやタブレットにアプリケーションをダウンロードしている視覚障がいのある人も多くなりました。こうした配慮のあるツールを用意しておけると、スタッフの負担を減らすことができると同時に、来場者の満足度も高くなります。

　また、体験型の展示物がある場合は、体験するかどうか尋ねてみましょう。好奇心の旺盛な人が多いので（イベント会場に来場すること自体、好奇心がある証拠です）喜ばれます。障がいがあると、迷惑や手間がかかるかもしれないと、遠慮する人も少なくありません。ぜひ勧めてみてください。**さわれるものがあれば、本人にさわってもらいながら丁寧に説明することが大切です**。とても喜ばれるでしょう。

（2）聴覚障がいのある人への配慮と留意点

聴覚障がいのある人の来場で気をつけてほしいことは、**その人に聴覚障がいがあるかどうかは見た目にわからない**ということです。最近ではおしゃれにデコレーションして補聴器を目立たせる人も出てきましたが、まだまだ少数派です。一般的には、補聴器はあまり目立たないのでなかなか気づくことができません。声をかけても反応しなかったら、"もしかしたら聞こえてないかも？"と考えてみてください。見た目で障がいがわからないということも、聴覚障がいのある人のひとつの障がいなのです。そのためにも、ブースには次のような機器を用意しておくといいでしょう。

ブースに置いておきたい機器
- 耳マーク（筆談や手話で対応するという意味のサイン）
- コミュニケーション支援ボード（指差しサインボード）
- 筆談器（メモ帳とペンなどでも対応可能）

「聞こえない人への対応もできます」という姿勢を、見てわかるように表示をしておくことが嬉しい配慮になります。

さらに、手話のできるスタッフや手話通訳者がいるとなおよいといえます。「手話」の腕章やバッジをつけているスタッフがいれば、そのブースにそれほど興味がない聴覚障がいの来場者であっても、立ち寄りたくなるでしょう。

ひとつ気をつけたいことは、前述のように、聴覚障がい者全員が手話ができるわけではないということを理解しておくことです。

なかでも、中途失聴者は普通に話すことができる人が多く、うっかり聞こえないことを忘れて言葉だけで対応してしまいがちです。筆談器やスマートフォンなどの音声認識機能を使って、文字で伝えられるように練習しておきましょう。

そのとき、**専門用語や最近のカタカナ言葉はできるだけ使わないで説明**するよう心がけてください。聞こえない人は、耳から情報が入らないため、こうした言葉を知る機会が少ない傾向があります。平易なわかりやすい言葉で説明しましょう。

第11節　各ブースでの配慮のポイント

● 音楽を楽しむ聴覚障がいのある人たち ●

聴覚障がいのある人たちは音楽を楽しめないのだろうか？　そんなことはない。聴覚障がいのダンサーもいれば、ミュージシャンもいる。空気の振動や床の震えなど、いろいろな情報からビートを感じて演じるのだ。こうしたアーティストでなくとも、カラオケを楽しむ人もたくさんいる。それぞれの聞こえ方で楽しむのだ。さらに、次のような聞こえにくい人のためのスピーカーなども開発されている。

聞こえても聞こえにくくても聞こえなくても、音楽は誰もが楽しめるものなのだ。

①聞き取りやすさを向上させたスピーカー

「SONORITY（ソノリティ）」という名前をもつユニバーサル・サウンドデザインのクリアネス・ラインアレイスピーカーシステムは、通常の点音源スピーカーに比べ、遠くまで音が届きやすい特徴をもち、音声帯域の明瞭度をアップしたスピーカーである。高齢で聞こえづらくなった人や難聴の人にも音が届くことを目指した。マイク利用時にハウリングがしにくく、広いイベント会場にも対応できるスピーカーシステムである。

　　協力：　ＮＰＯ法人日本ユニバーサル・
　　　　　サウンドデザイン協会
　　　　　http://u-s-d.jp/

②抱っこスピーカー

「抱っこスピーカー」は、難聴などの聴覚障がいのある人でも豊かな音を感じられるスピーカーである。筒の中に特別なスピーカーが装着してあり、舞台の音を自分の耳の近くで聞くことができると同時に、スピーカー自身が振動して音を体感することができる。来場者はこのスピーカーを抱きかかえて、コンサートや映画などを楽しむことができる。

　　協力：　株式会社エンサウンド
　　　　　http://ensoundspeakers.jp/

▲ SONORITY 　　　　　　　　　▲抱っこスピーカー

第4章 ユニバーサル・オペレーションとその事例

（3）肢体障がいのある人への配慮と留意点

イベントのブースは、概して小さかったり、狭かったりします。車いすはもとより、杖や歩行器を使用している来場者は、ブースの奥まで入るのが難しい状況も多いでしょう。

もちろん、ブースの奥まで、ユニバーサルデザインでの設計が望ましいのですが、もしブースの奥まで入れない場合は、口頭などで展示物の説明をし、特に見たいものや確認したいものがあったら、当人の元まで持っていき、見てもらうという方法もあります。

また、高い位置に展示物があると、子ども、車いす、背が低い人は、見えなかったり直接さわったりすることができません。この場合も、同じように下ろして直接さわれたり確認できるような対応が必要です。

杖を使っている人や高齢者は長く歩くことが困難であったり、重い荷物を持つのが大変であったりします。椅子などを用意して、説明を聞く間座っていただけるような配慮があるとよいでしょう。椅子があって座れると、そのブースへの滞在時間が長くなり、展示物などをよく知っていただくよいチャンスとなります。

また。イベントでは、**ブースでパンフレットを配布することも多いですが、無理に渡さず、本人の希望を聞いてから、持ちやすいような工夫をして渡す**と喜ばれます。

（4）外国人や日本語力に配慮が必要な人への配慮と留意点

このテキストの冒頭でも述べたように、2014年には1,340万人以上の海外からの観光客が来日しています。また、日本の企業で働いている外国人も増えています。当然、イベント会場を訪れる外国人は、以前より数段多くなっています。イベント会場では外国人対応が必須の時代になってきました。

とはいえ、すべての国の人への母国語対応は現実的ではないでしょう。出展者一社で対応することも困難かもしれません。どのようにしたら、最小限の配慮で最大限の対応ができるか、そこに知恵を使うことが必要ではないでしょうか。

もちろん、人的対応では少なくとも英語で日常会話ができるスタッフは必要です。さらに、いろいろなＩＣＴを活用すると低コストで情報提

第11節　各ブースでの配慮のポイント

供ができます。人的対応ですべてをカバーするのは難しい場合が多いので、ぜひ、さまざまなツールを活用して、できるだけ多くの国の方々への情報提供やおもてなしを考えていきましょう。

● 日本は音の洪水 ●

　欧米から日本に来た外国人がまず驚くのが、日本はいたるところに音が溢れているということだそうだ。電車のホームや車内はもちろん、ひっきりなしに音声情報が流れているし、たとえ喫茶店に入ったとしても、ＢＧＭ（バック・グラウンド・ミュージック）として、クラシックなどがかかっている。スーパーマーケットやデパートにも音声案内やＢＧＭがある。ある会場では、前を人が通るたびに「ここは女子トイレです。ここは女子トイレです。」とセンサーが連呼する。

　日本人は、これを当たり前として慣れてしまっている人も多いが、外国から来る人たちにとっては、この絶え間ない音の洪水がとても疲れるという。

　情報は多ければ多いほうがよい、本当にそうだろうか？　多すぎる情報は、時に大切な情報を埋もれさせてしまうかもしれない。情報を聞き流す、見逃す習慣が、もしかして身についてしまっているのかもしれない。

　情報を提供するにあたり、見えなければ音声、聞こえなければサインなどと考えがちになるが、情報というものは、多いことが、そのまま効果もある、というわけではないことを、知っておいてほしい。

　イベントでは、会場全体の音情報の設計・計画も重要だ。本当に知らせたい情報は何か、音のサインも各ブースに任せきりにしないで、イベント全体で音をどのように設計するべきか考えてほしい。多様な来場者の特性に合わせて、文字や絵といった目に見えるサインに加え、音や香りなどの目に見えないものも、サインの一つとして全体的に設計に組み込んでいこう。そうすれば、非常時の情報提供にも多様性に対応することができるだろう。

（5）通常とは違う反応をする人への配慮と留意点

　一見わかりにくいのですが、応対をしたときに"何か違う"と感じる来場者もいます。複雑な内容がわかりにくい知的障がいや精神障がいの人もその一人です。これらの人々は各自、自分なりのコミュニケーション方法をもっています。そして、イベントに来場する場合は、本人が強い関心を抱いている対象があって、その対象の確認や新たな情報を知りたいという強い願いをもっている場合が多くあります。

　対応で配慮してほしいことは、本人の関心があるものが何かわかったら、丁寧に説明するということです。決して『説明してもわからないだろう』などという態度で、適当にあしらったり、子ども扱いしたりしないでください。知的に障がいがある人はＩＱが低くても、人としての尊厳をもち、プライドもしっかりあります。むしろ他の人より、相手の対応に心がこもっているかどうかを敏感に感じとる人もたくさんいます。

　また、自閉症やアスペルガーの人たちは、自分が関心のあるものや内容に関しては、かなり高いレベルの知識を有している人も少なくありません。細部にわたって細かく質問してくることも多いでしょう。そうした場合は、より詳しい内容を把握しているスタッフから丁寧に説明してください。特にアスペルガーの方々は、ＩＱも高く、専門的知識を求めてくる人が多いです。

　脳性まひの人たちは、多くの場合、話し方に特徴があります。手や足と同様に発声に麻痺があるからです。話す言葉がスムーズに出てこない人が多く、最初は何を言っているか聞き取れない場合があります。しかし、ＩＱが低いわけではありません。専門能力が高い人も多くいます。話しかけられて、何を言っているかわからないからと、適当な返事や対応をしないでください。**わからなかったら、「すみません、聞き取れないのでもう一度言ってもらえますか」と聞き直してください。聞き直すことは失礼ではありません。**むしろ、聞き直しもせず、適当なことを言われたり、避けてしまうことは大変失礼になります。自分の話し方がスムーズでないことは、本人が承知しています。ですから聞き直して、きちんと対応してくれるという態度が見えたときに、ほっとするといいます。

第11節　各ブースでの配慮のポイント

　見た目やコミュニケーション方法が違うからといって、その来場者を特別扱いせずに、心をこめて対応してください。その対応の仕方は、そこにいる他の来場者も見ています。あなたのブースの評価の優劣は、そのようなときに大きく分かれるでしょう。

● 配慮とは「させない」ことではない ●

　「身長120cm以下の方はご搭乗いただけません」、「飲酒されている方・妊婦……の方はご利用いただけません」。もちろん、来場者の安全を守るために、こうした注意事項は大切だ。しかし、視覚障がいのある人や車いすの人などが「試してみたい、やってみたい、大丈夫」と言っているのに、『障がいのある方に、もし何かあったら大変だ』という理由だけで、「ご遠慮ください」と断られてしまうことがたびたびある。

　「自分は子どもではない。自分の行動には自分が責任をもつ」と彼らは言う。

　日本では、少しでも危険性があると中止にしてしまったり、禁止してしまう傾向がある。しかし、他の国では契約書にサインをしてもらい、自己責任のうえで楽しんでもらうアトラクションがたくさんある。高いタワーから命綱をつけてワイヤーを降りてくるアトラクション、ビルの外側を一周するツアー、渓谷からのバンジージャンプなど、危険な体験は人をワクワクさせる一面があるのは否定できない。

　もちろん、安全は何よりも優先させなければならない。そして、安全でワクワクすることがもっともよいに違いない。

　障がいがある、何かあったら危ない、だから「させない」という思考回路には陥らないでほしい。障がいがあってもなくても、人はちょっぴり危険なことに、ワクワクしたいのだ。実際、ヘリコプターからのバンジージャンプを楽しむ車いす使用者もいる。

第4章　ユニバーサル・オペレーションとその事例

2．飲食ブースでの留意点

　イベントに飲食は欠かせません。それ自体がイベントのテーマのときもありますし、そうでなくても、休憩のためのカフェやレストラン、イベント会場の内外にある屋台など、飲食の場は来場者の楽しみのひとつでもあります。

　保健所や消防署への申請や来場者の数との兼ね合いなど、飲食にはさまざまな配慮が必要ですが、ユニバーサルイベントでは、「多様性」による留意点に絞って学んでいきましょう。

①アレルギーへの対処

　食べ物に対するアレルギー（食物アレルギー）は、最近特に多くなっています。人によっては重篤な**アナフィラキシーショック**を起こして命に関わる場合もあります。

　日本では食品衛生法第19条に基づき、次の7品目が**特定原材料**と定義（2015年3月現在）され、使用する場合は表示することが義務づけられています。

> **特定原材料**
> 卵・小麦・えび・かに・そば・落花生・牛乳

　メニューなどに表記するだけではなく、「何か、食べられないものはございませんか？」などと確認することも必要です。

②食べにくさのある人への配慮

　乳幼児だけでなく、顎や歯の状態に不便さがあるなどして、噛むことが難しい人もいます。

　状況によって対応が難しい場合もありますが、来場者から希望があればなるべく対応したいものです。箸しか使わない料理を出すブースでも、小さく切るためのナイフや、すくって食べるためのスプーン、小分けにするための取り皿・お椀など、いくつか他の食器を用意しておくことも必要です。

アナフィラキシーショック：食物アレルギーや薬物などによって起こる症状で、激しい場合は、呼吸困難や低血圧などで生命の危険を伴う。ショックを起こした場合は、気道を確保するとともに、エピネフリンの筋肉内注射などが必要となる。

③文化や宗教で食べられないものがある人への配慮

　食に対して、日本人は寛大な国であるといえるでしょう。しかし、他の国ではそうとは限りません。イベントに出かけたけれど、自分が食べられるものはフライドポテトだけだった……、などという人がいないように、国際的なテーマのイベントなどは、最低限の知識はもっておきましょう。

宗教上の主なタブー

- ユダヤ教…鱗（うろこ）のない魚介類（ウナギ、タコ、甲殻類、ウニ、クジラなど）、馬、豚、決まった方法で調理されていない料理　等
- イスラム教…豚（ハム、ソーセージなどの加工品も含む）、酒類、決まった方法で殺された動物ではないもの　等
- ヒンズー教…牛　等
- モルモン教…カフェイン　等

個人的なタブー

- 肉類を食べない（セミ・ベジタリアン、ノン・ミート・ベジタリアン）
- 肉類と魚介類を食べない（オボ・ラクト・ベジタリアン）
- 肉、魚、卵、乳製品など一切の動物性蛋白を食べない（ビーガン）
- 果実・ナッツ類しか口にしない（フルータリアン）
- ニンニクやネギ、ラッキョウは食べない　　　　等

　「精進料理なら大丈夫」と思いがちですが、実は出汁（だし）に魚の鰹節を利用していたり、酒を使っていることもあるので注意が必要です。

　この他、文化の違いによってもいろいろな食べ物に対する扱いが違うものです。残さないで食べるのが礼儀である国もあれば、食べきれないほどたくさん用意することをおもてなしと考える文化、金曜日は肉を食べないところ、迷信や食べ合わせなど、一人ひとりが違います。

　すべての食の多様性に対応することを、会場内の飲食関係者に要求することはできません。しかし、知識をもっていれば、できることもたくさんあるはずです。そして、せっかく配慮のあるブースなのであれば、その配慮があることに気がつかないで悲しい思いをする来場者を出さないように、それがわかるサインを手配しましょう。

第4章　ユニバーサル・オペレーションとその事例

第12節　特別プログラム時の配慮と留意点

> パネルディスカッション：panel discussion。3名以上の異なる意見をもった有識者が、討議を行うこと。イベントの現場では、「パネルディス」と略されることもある。討論をする人をパネリスト（パネラー）といい、司会役をコーディネーターという。

ひとつのイベント内には、さらに細かい特別なプログラムがいろいろ用意されています。例えば、「10時からはAホールで特別ゲストとして有識者を招いてパネルディスカッション」、「13時～餅つき」などです。

この節では、こうした特別プログラムでの配慮を考えてみましょう。

1．情報保障にきめ細かく配慮する

> 情報保障：人間の「知る権利」を保障するもので、障がいによって情報を得ることができない人に対して、代替手段を提供して情報が得られるようにすること。

特別プログラムに参加していただくには、次のような情報を受け取ってもらうことが必要になります。

```
特別プログラムでの情報
・テーマ……イベントと方向性が合うテーマであること
・出演者……ゲストや団体の名前など
・開催時間…開始時間～終了時間（長時間の場合は休憩の有無）
・場所………エリア名、ホール名、会議室名など
・形式………講演、発表、舞台、説明会、配布　等
・金額………有料か無料か
・対象者……事前予約者のみか、誰でもよいのか　等
```

Webやパンフレット、チラシなど、見えなくても聞こえなくても、理解が難しくても、わかりやすく伝わりやすい工夫をし、さまざまな形での広報を考えていきたいものです。

（1）申込みが必要な場合の配慮

特別プログラムで、事前申込・予約を行う場合には、予約の時点で、来場者の情報を入手しておきましょう。事前情報は、ユニバーサルな配慮をするために重要です。どのような配慮が必要な人が何人くらい来場するかによって、会場の設備やレイアウトが変わってくるからです。

第12節　特別プログラム時の配慮と留意点

　そのためには、参加申込用紙に、「その他、以下のサポートが必要な人は、項目に○をつけてください」「サポートが必要な人はその方法を書いてください」などの欄を設けることが大切です。また、会場が指定席の場合は、特に来場者の特性を確認しておく必要があります。

◀ 108ページ参照

（2）当日の会場の配慮

　まず、聴覚障がいのある人が参加する場合は、手話通訳者を依頼しましょう。当日は、通訳者にどこに立ってもらうのか（立ち位置）を決定します。立ち位置は、基本的には話者（講師）の近くが理想的です。

　講師と手話通訳者の距離が離れていると、手話通訳者を見て理解する人たちは手話通訳者のほうしか見られません。しかし、講師の近くに通訳者がいれば、両方が同時に視界に入り、話す雰囲気や熱意を感じながら内容を手話で読むことができます。口を見て読話をする人は、手話を読みながら講師を読話できます。聴覚障がいのある人には視野の広い人が多いのですが、できるだけ講師と通訳者が同時に視野に入る位置間隔が理想です。

　可動式の**磁気誘導ループ**を設置するときは、手話通訳の立ち位置に近い前方に設置しましょう。

　開場したときは、手話や文字の情報保障が必要な人に、前方の席に座ってもらうよう案内をします。また、情報保障の必要な人の人数がある程度把握できている場合は、前方に「情報保障席」あるいは「手話を必要とする人の席」などと明示しておくのもよいでしょう。

磁気誘導ループ：磁気を発生させ、補聴器や人工内耳に直接音声を送り込むための放送設備。磁界発生のために輪のようにワイヤーをはわせるため、「磁気ループ」ともいう。国際的な表現は「ヒヤリングループ」。

（3）登壇者が知っておきたい／登壇者に伝えておきたい配慮

　ここでは、特別プログラムの際に、前に出てスピーチをしたり、司会をする人を、「登壇者（とうだんしゃ）」として説明していきます。多様な特性のある来場者がいる場合、登壇者は自分の話し方や資料表示の方法に配慮する必要があります。主催者は以下のような配慮が必要なことを登壇者にお願いしておきましょう。

磁気誘導ループのピクトグラム

143

①ゆっくり話す

英語や手話の通訳、聴覚障がいのある人のための**パソコン要約筆記**がある場合は、通訳や入力にかかる時間を配慮して、通常よりゆっくり話す配慮が必要です。ゆっくり話すと、通訳者や要約筆記者が助かるだけでなく、来場者も話の内容をしっかり受けとめて聞くことができます。

②指示代名詞を使わず、表示されている内容を説明する

プレゼンテーションソフトウェアなどを使って説明する場合、投影されたものをポインターで指しながら、「ここに書かれているように」「この写真のように」などと言いがちです。しかし、この説明を理解するためには、投影されたスライドが「見えていること」が前提となります。

これは見えない人が理解できないだけでなく、通訳者には訳しづらくなり、要約筆記で入力しても、時差がある読み手に伝わらなくなります。

表や図などの説明で「この曲線のように」などと言わずに、「収益率を表している大きく上下している点線の曲線の意味するところは、」など丁寧に説明しましょう。

また、写真の説明も、「この写真」ではなく「大勢の観客で賑わっている浅草雷門の写真」など、"見ればわかるだろう"と思わず、見えていない人もわかる説明の仕方をするようにしましょう。

「これ」「あれ」「それ」などの、**指示代名詞**には気をつけましょう。

この方法は、見えない人だけでなく、近視や席が遠くて画面が見えにくい人にもしっかりと内容が伝わります。

③テキストデータの配布

事前に、あるいは終わった後に、資料などを配布する場合は、**墨字**だけではなく、テキストファイルを用意しておくとよいでしょう。希望者に電子メールに添付して簡単に送ることができます。

視覚障がいやディスレクシアの人などが、読み上げソフトで音声に変換して内容を把握することができます。

これらの配慮は、主催者が知っているだけでは実現しません。**登壇者と知識を共有し、登壇者自身が配慮しなければ配慮していないのと同じ**です。企画・運営側は、登壇者に依頼するときに、しっかりと趣旨を伝

要約筆記：聴覚障がいのある人のための情報保障のひとつ。話している内容を、その場で文字に替えて伝えること。パソコンで文字を入力したものや、紙などに手書きした文字を投影するなど、複数の方法がある。学校などでよく行われる「ノートテイク」は、聴覚障がいのある人の隣にノートテイカーと呼ばれる筆記者が座って1対1で行う要約筆記である。

墨字：すみじ。視覚障がいのある人が使用する「点字」に対して、晴眼者の使う紙に書かれたり印刷されたりしている、凹凸のない文字をいう。

えて、配慮してほしいことを文面なども添えてきちんと説明することが大切です。

● テキストファイルの作り方 ●

テキストファイルとは、拡張子に .txt とついた、文字情報だけのデータである。テキストファイルで保存しておくと、パソコンの種類やソフトウェアの種類を選ばずに、ファイルを開いて文字を読むことができる。各ソフトで開いたものを、「形式を変えて保存」「名前を変えて保存」などを行い、形式に「.txt」を選択して作るという手順が一般的である。

ただし、テキストデータでは、書体の種類（フォント）や下線などの文字修飾、センタリングなどのレイアウト情報は無効になる。また、①、㈱といった飾り文字や機種依存文字は表示されない。

作成には次のような配慮が必要となる。

・写真＝「ロンドンの地下鉄の入口の写真」などと、文字で記入する。
・図表＝なるべく文字で詳細を入力する。
・イラスト、カット＝どのようなカットがあるのか、文字で表現しておく。
・数字＝テキストファイルにすると、ページの概念はなくなるが、ページ数字を記入したり、○付き数字の「まるいち」「まるに」などに一括変換しておくと、墨字で読んでいる聴者が見ている場所と、読み上げソフトで聞いている人の場所が一致しやすい。
・コラムや欄外など、本文から外れたストーリーは、「コラム開始‥‥‥コラム終了」などと前後に入力し、省略することなくテキストデータに入れておく。

● 遠隔手話通訳サービスを効果的に使う ●

聴覚障がいのある人のために手話通訳者を依頼すると、通訳者の交通費が発生することがほとんどである。待合せ時間から料金が発生するだけではない。午前と午後に1時間ずつの特別プログラムを行う場合など、間の通訳をしていない時間も手話通訳者の拘束時間となるため、料金の支払い対象となる。

この悩みを解決するのが、「遠隔手話通訳サービス」である。パソコン画面やタブレットなどのテレビ電話機能を用いて、手話通訳のオペレーターを呼び出し、必要なときに必要な間だけ手話通訳をしてもらうという仕組みだ。最近は、駅のインフォメーションセンターや役所の窓口などでもさかんに利用されるようになってきた。

これをイベントに活用すると、いろいろなメリットがある。まず、1時間おきに行う特別プログラムなどについて、プログラムをやっていない時間は手話通訳費が発生しない。また、大型スクリーンに通訳オペレーターを映し出せば、イベント会場が広くてもよく見える。別の会場であっても、スクリーンがあれば見ることもできる。さらに物理的に登壇者の横に立っているのではないので、登壇者にとってもストレスにならずにプログラムを実行できる。また、手話通訳が映し出されるスクリーンをあちこちに置くことができれば、多様性への取り組みを来場者に強くアピールできるというメリットもあるだろう。

遠隔手話通訳サービスを実施する株式会社プラスヴォイスの三浦宏之氏は、イベントに用いる場合の注意点を次のように教えてくれた。まず、パソコン要約筆記などの文字情報と違って動画の情報は容量が大きいため、まだまだ技術的な問題があるという。回線が切れたときはどのように補うかなど、綿密な準備と対策が必要だという。そのためには、事前に現場コーディネーターがイベント会場の設営段階で入り、通信環境などの用意や設置をすることが望ましいのだが、そうなると、せっかく手話通訳費を抑えても設備費が高くなる。

こうした課題をともに解決することができるのがイベントの強みである。そして、イベントは、開発者の協力を得ながら、新しい試みを実現できるところに面白さがある。コストと効果を十分に考えて、新しい方法やサービスを導入していきたい。

協力：株式会社プラスヴォイス
www.plusvoice.co.jp

▲スクリーンが3つある。
左：講師用　中：遠隔の手話通訳者
右：PC要約筆記

2．障がい別の配慮

プレスリリースやWebのホームページなどでイベント情報を提供する際に、「手話通訳あり」「テキストファイル提供あり」など、情報保障に関する情報を載せておくことが必要です。

> プレスリリース：press release。報道機関に提供する情報。FAX、Web、メール、郵送、直接配布など、さまざまな方法がある。

（1）見えない、見えにくい人への配慮

配布資料がある場合は、その内容を音声で読み上げられるテキストファイルに変換し、申込み時に来場予定者に渡したり、タブレット等に入れておき、受付時に貸し出すのもよいでしょう。

登壇者には、来場者のなかに見えない人がいることと、そのための留意点を話し合っておきます。

一人で来場した人には、着席や終了後の会場出口までの案内をしましょう。

席位置は、本人の好きな場所に座ってもらって構いません。

しかし、見えにくい人は前の席を望む場合があります。講師の説明している画面をルーペなどで見ながら聞く人もいます。**できるだけ前方の席に座っていただく**とよいでしょう。**事前予約がある場合は、席に「予約席」などの紙を貼っておく**などして、確保しておきましょう。

特別イベントの内容は、あらかじめ具体的に想像できるように、次のような説明をすると喜ばれます。

事前に説明しておきたい内容
- 出演するのは誰で、どのような人なのか
- ステージの配置や状況はどうなっているのか
- パネルディスカッションなど、複数人が登壇する場合は、その配置と名前、肩書を伝える

ステージの背景がどうなっているか、プロジェクターがあるのか、手話通訳がいるのか、要約筆記の画面があるのか、どのくらいの観客がいるのか、どのような来場者が多いのかなど、**視野に入る情報は、すべて**

伝えましょう。そのイベントの規模や主催者の姿勢（多様性に配慮しているかなど）がわかって喜ばれます。

（2）聞こえない、聞こえにくい人への配慮

　一般的に音声情報が得られない聴覚障がいのある人に情報保障をするために、ＰＣ要約筆記、手話通訳、磁気誘導ループがあります。しかし、これらはコストがかかるため、対象者が少数の場合には、次のような方法もあります。コストや参加人数などを考えて、よりベストな選択をしていきましょう。

少人数向けに音声情報を視覚に変えるもの
- 隣でＰＣ入力などを行い、ＰＣ画面を見てもらう
- 複数人の発言をスマートフォンやタブレットに同時に文字表示するアプリケーションを使用する
- スマートフォンやタブレットで筆談のできるアプリケーションや筆談器を使用する

　最新のＩＣＴの活用は、費用のコストダウンを実現するだけでなく、イベントならではの新しい方法への挑戦を試みることも可能です。

　会場の状態や条件、想定される参加者の特性によって、もっとも適した方法で対応しましょう。

（3）車いす使用者への配慮

　会場がバリアフリーであるかどうかは、車いす使用者にとって重要な問題です。可能な限り会場選びの段階でフラットな会場選びに留意しましょう。

　会場に段差がまったくなく椅子も固定されていなければ、車いすで自由に動くことができるので、特別な配慮は必要ありません。スタッフは、通路に荷物が置かれていないか、立ち話などで通路をふさいでいる人がいないかどうか、会場全体に目配りをしてください。

　友人などと一緒に来場した場合は、誰でも一緒に並んで座りたいと思うでしょう。車いす使用者であってもなくても、その気持ちは同じです。

しかし、座席が固定されている会場の場合は、最前列や最後列のスペースに車いす席を用意しなければなりません。どの席でも自由に選べるのか、車いす席が固定されているのかといった情報は重要になります。できることなら、どの席でも選べるほうがよいのですが、既成の会場では難しい場合があるでしょう。まず初めに、その事実を正確に伝えることが大切です。その場合は、来場した車いす使用者へ、指定の席にご案内してください。

特別プログラムの会場がメイン会場と離れている場合などは、ユニバーサルトイレの情報も事前に把握しておきましょう。車いす使用者は、まず自分たちが利用できるトイレがあるかどうかを確認しますので、トイレの情報はできるだけ正確に伝える必要があります。
また、ユニバーサルトイレが会場近くになくても、近隣の駅やホテルなどにあれば、案内できるように情報を仕入れておきましょう。

第13節　ユニバーサルイベントの事例とリスク管理

　非日常のハレの祭事としてのイベントを十分に楽しみ、新しい発見や気づきを持ち帰っていただくために、もっとも重要となるのが安全性などのリスク管理です。主催者はどのようなことが起こりうるかを想定して、事前に十分な配慮や対応策を考えておく必要があります。
　ここでは主に、ユニバーサルイベントとして配慮するべきリスクについて、事例とともに説明します。

1．非常時にも対応できるアプリケーションの活用事例

　不特定多数で多様な特性のある人たちが集まるイベントでは、安全性の確保が重要となります。非常時に、正しく情報を伝え、避難経路を素早く案内するにはどうすればよいのか、事前に誘導手順を計画することは欠かせません。特にユニバーサルイベントとして、こうしたとき、多様な特性のある人に対してどのような配慮が必要なのかを、主催者はスタッフ全員に周知徹底する必要があるでしょう。

　非常時には音声情報のアナウンスで緊急事態を知らせることが一般的です。しかし、音声が聞こえなかったり、言葉の意味がわからない人たちに対し、緊急案内をどのようにするのかは、必ず考え計画しておかなくてはなりません。
　また、精神障がいや知的障がいのある人たちなどは、緊張を強いられる非常時にはパニックを起こす場合もあります。その対応にも慣れておくことが大切です。

　ここでは、多くの人が手にしているスマートフォンやタブレットを活用した、非常時に対応できるアプリケーションの事例を紹介します。

● 当事者の発想を生かしたワサビのにおい ●

　2011年3月11日、地震速報や津波警報などのアナウンスが聞こえず、避難できなかったり、不安な思いを抱えて過ごした聴覚障がいのある人がたくさんいたという。

　災害の警報は、すべての人がキャッチできる方法で提供されなくては、本当の緊急警報にはならない。そんな課題に挑んだ火災報知機がある。

　音に代わる情報伝達の方法はないのだろうか？　そんなことを日頃から考えていた中途失聴の女性、松森果林氏は、『香り』に目をつけた。火災警報の音と一緒に香りが噴出したら、聴こえない人もすぐに目が覚め、避難できるのではないかと。そのアイデアに株式会社シームスが応え、大学の研究グループと組んで検証を重ねた結果、たどり着いたのが「ワサビのにおい」だったのだ。

　この商品は2011年に、ユーモアあふれる科学研究などに贈られる「イグ・ノーベル賞」を受賞している。

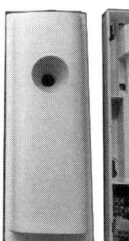

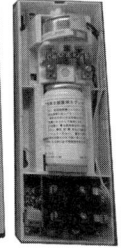

　火災報知器と一緒にセットして、火災報知器が鳴ると連動してワサビのにおいが噴出するようになっている。ワサビのにおいは脳に直接覚醒作用を及ぼすそうだ。実験結果でも、ほぼ全員が目を覚ましたという。イグ・ノーベル賞の受賞によって、世の中には聞こえないために命を落としてしまう人がいること、さまざまな手段で情報を伝える必要があることを、より多くの人に知ってもらえるきっかけになったのではないだろうか。

　このワサビのにおいの火災報知器は、聴こえない人のためだけでなく、高齢になって耳が遠くなった人でも、有事に気がつくことができる。イベント会場で、コンサートなどの大音量で警報が聞こえにくいときにも効果的ではないだろうか。

　松森氏はこれ以前にも、携帯電話が鳴ってもなかなか気がつかない聞こえない・聞こえにくい人のために、着信すると香りが出るストラップを発案した。株式会社シームスは、当事者の発想がビジネスを産むということにいち早く気づき、松森氏を商品企画顧問とし採用している（～2011年）。

　企画・計画時から、多様なメンバーをスタッフに参加させることの重要性は、まさにここにある。障がいのある本人だからこその発想は、新しい空間を体験できるイベントには大変重要な視点と発想を生むのである。

第13節　ユニバーサルイベントの事例とリスク管理

第4章　ユニバーサル・オペレーションとその事例

事例1：緊急災害時の多言語による情報発信
　　　……「COMIC CITY」でのUDCastの防災対応実証実験

　2015年1月25日、東京ビッグサイトでコミックマーケット「COMIC CITY」（赤ブーブー通信社主催）が開催されました。このイベントで、緊急災害時を想定し、「UDCast」というアプリケーションを使用した情報提供の実証実験がされました。

　まず、入口で、それぞれのスマートフォンやタブレットなどのデバイスにUDCastのアプリケーションをダウンロードしてもらいます。このときは、多くの人にダウンロードして使ってもらえるよう、電子おみくじという仕掛けもUDCastで提供しています。そして、実験のための「緊急時」になると、場内放送で防災テスト放送のアナウンスが流れるだけでなく、それぞれのデバイスに、それぞれが設定した言語で緊急を知らせる通知が表示されました。

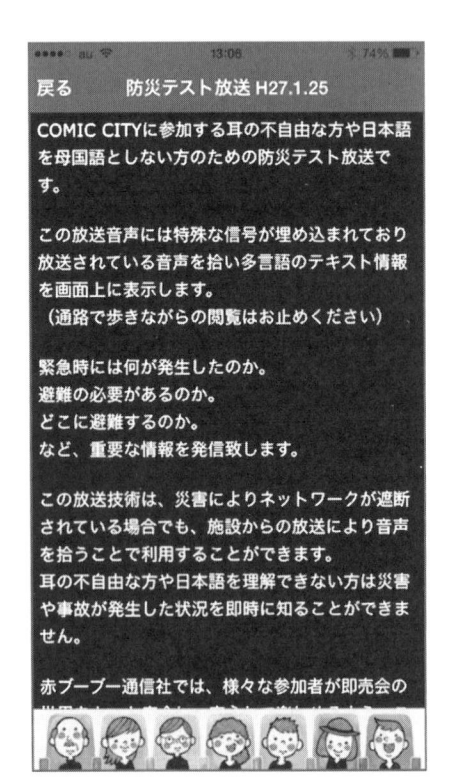

▲UDCastをダウンロードしたデバイスの画面例

　UDCastは、たくさんの人が集まる場所で、たくさんの人に情報が同時配信できるだけでなく、音声透かし技術を使うため、携帯電波が通じない場所でも配信可能な「ワンソース」（ひとつの映像や音源）で「マルチユース」（多言語の字幕やテキスト、画像、音声ガイド、手話動画等）を実現しています。

　UDCastでは、「日本語字幕」「外国語字幕」「多言語テキスト」「音声ガイド」等が表示可能です。「日本語字幕」は、高齢者や聴覚障がいのある人などの聞こえづらい、あるいは聞こえない人のために、また、「音声ガイド」は、見えづらい、見えない高齢者や視覚障がいのある人のために、そして、「外国語字幕」は日本語が理解できない外国人に、それぞれの母語の字幕を提供するものです。

　緊急時だけでなく、イベント内の展示物、観光地の史跡の説明など、幅広い用途に使用でき

ます。その場所に行くと、自動的に表示させることができます。

　多くの来場者が持っているスマートフォンやタブレットに、アプリケーションをダウンロードすることによって、低コストでリスク管理ができるこの方法は、これからも大きな可能性を秘めた技術でしょう。
　しかも、そこに遊び心も加えられれば、イベントの質も向上でき、主催者にとっては頼もしい味方になるのではないでしょうか。

提供：Palabra 株式会社
　　　http://www.palabra-i.co.jp
　　　http://udcast.net/
協力：赤ブーブー通信社
音声透かし技術協力
　　：日本エヴィクサー株式会社

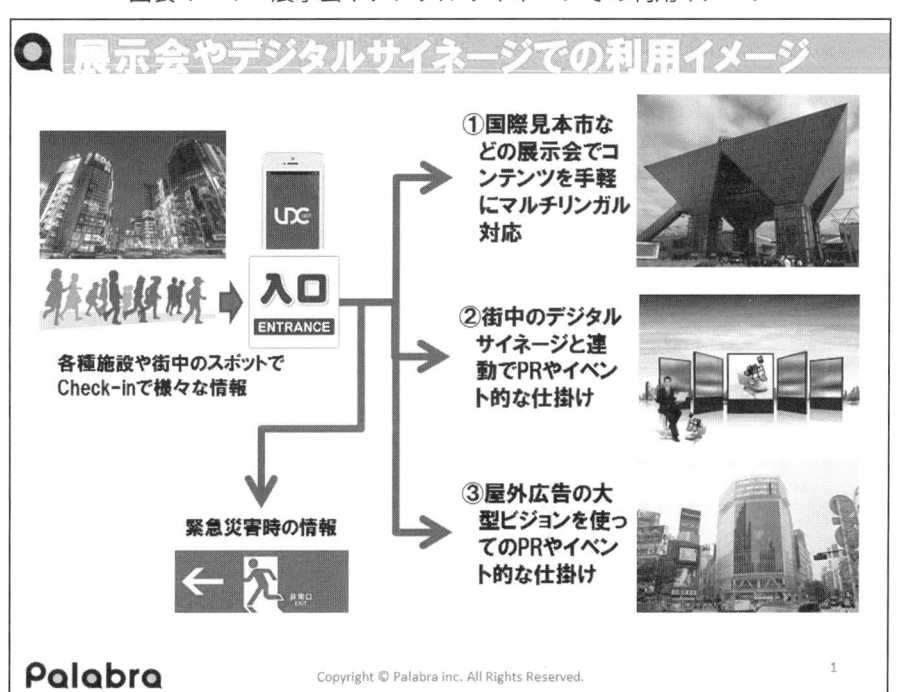

図表４－１　展示会やデジタルサイネージでの利用イメージ

Copyright ©Plabra Inc. All rights reserved.

事例2：ブラインドサッカー世界選手権でのUDサービス対応

2014年11月16日〜11月24日の9日間、国立代々木競技場フットサルコートで、日本で初めての「ブラインドサッカー世界選手権」が開催されました。参加国は12か国です。

この開催が決定してから、日本ブラインドサッカー協会では、いかにすべての人が同様に観戦し楽しめるか、ユニバーサルイベントとしてのブラインドサッカー世界選手権を開催するために工夫を凝らしてきました。

①企画の背景……初の有料化にあたって

これまでブラインドサッカー大会は観戦無料でした。今回、有料化するにあたり、そもそもチケット価格についてどう考えるべきなのかというところからスタートしました。そこで問題になったのが、障がい者割引でした。

「なぜ、障がい者割引や介助者割引は必要なのか？」
「誰もが楽しめる観戦環境をつくればいいのではないか？」
などの意見が集まり、次のように大会の方針を決定しました。

> 日本ブラインドサッカー協会のビジョン
> ブラインドサッカーを通じて、視覚障がい者と健常者が当たり前に混ざり合う社会を実現すること

> そのためにやるべきこと
> 誰もが楽しめる観戦環境をつくること
> 障がい者割引・介助者割引をするのではなく、誰もが同様に楽しめるためのサービスを充実させること

②誰もが楽しめる環境づくり
- 音声ガイドシステムの活用……視覚障がいのある来場者でも試合を楽しめるように全34試合を実況中継し、ミニFMラジオ放送による音声ガイドを使い、受信機の無料貸し出しを行った。貸し出しは、最初に保証金1,000円をいただき、返却時に返金した。

サイドノート：

ブラインドサッカー：視覚障がい者5人制サッカー。「ブラインドサッカー」は通称である。ゴールキーパーを含む5人で構成され、ゴールキーパーは晴眼か弱視、他のプレーヤーは全盲である。フィールド外にガイドがおり、プレーヤーに方向や距離などを伝える。ボールは位置がわかるよう、転がすと音が出る。

障害者割引：各種障害者手帳を提示することにより、電車やバスなどの交通機関や映画やアミューズメントパークなどの入場料など、無料や割引などの料金の優遇を受けることができる制度。

介助者割引：障害者手帳を提示した者に同伴している者も、障害者割引と同様か、あるいは決められた割合でサービスを受けられるもの。

機材提供：Palabra株式会社
実況アナウンサー：
　東京アナウンスセミナー

第13節　ユニバーサルイベントの事例とリスク管理

- タブレット端末の活用……弱視の来場者がパンフレットを見えやすいサイズに拡大できるよう、拡大ガイドブックをタブレット端末で提供した。聴覚障がいの来場者に対しても、筆談ができるように、筆談アプリケーションを入れた。
- 触知図ガイドと３Ｄスケールモデル設置……視覚障がいの来場者用に会場の配置を凸凹のついた画面に点字をつけた触知図をつくり、受付に設置した。また、３Ｄプリンターで作成した会場のスケールモデルを用意し、手で触れて、会場内の入場ゲート・ピッチ・スタンド・トイレの位置などを紹介した。
- 車いす席の設置……メインスタンド側の最前列に車いす用の席を用意した。スタンドまでの案内は、リレーションクルーが対応した。
- バリアフリートイレの設置……車いす使用者が利用できるバリアフリートイレと補助犬（盲導犬・介助犬・聴導犬）専用のトイレも設置した。
- ルートガイドの音声読み上げ作成……最寄駅から会場までの移動をスムーズにできるよう、ホームページに文字情報としてのアクセス案内をつけて、それを音声読み上げできるようにした。視覚障がいのある人だけでなく、文章での道案内は誰にでもわかりやすい。
- リレーションセンターの設置……障がいがあっても外国人でも、誰でも試合が楽しめるように案内するため、会場の入口近くに、サポートが必要なお客さまのためのリレーションセンターを設置した。
- リレーションクルーの対応……リレーションセンターに常駐する専門能力を有するスタッフ（サービス介助士・通訳）の配置をして、来場する観客への案内をした。

筆談アプリケーション：話した音声が文字で表示される（逆に文字で入力すると音声に変換）、手で画面をなぞるとそのとおりに絵や文字が相手のデバイスに現れる、手前に書いた文字が上に逆になって現れ、向かい合いながら一つのデバイスで、お互いに筆談できるなど、いろいろなアプリケーションが開発されている。

３Ｄスケールモデル提供：
　マルコム株式会社

写真提供：日本ブラインドサッカー協会　　　▲全盲であっても、平等に全員が目隠しをする

第4章　ユニバーサル・オペレーションとその事例

サービス介助士協力：
　公益財団法人日本ケアフィット共育機構
通訳ボランティア協力：
　神田外語大学（通訳ガイド）

┌─ リレーションクルーの役割 ─────────────┐
│ ・ 音声ガイド・拡大ガイドの機器の貸し出し
│ ・ 筆談ツールや手話によるコミュニケーション
│ ・ ３Ｄスケールモデルや触知図による案内
│ ・ 車いす席への案内
│ ・ 視覚障がい者のガイド
│ ・ 通訳ボランティアによる言語対応
└────────────────────────┘

▶ Let's think it over!
障がい者割引は、何に対する不満なのでしょうか？
参考＞ 21、182 ページ

　こうしたサポートの実施によって、障がい者割引がないことを不満に思う観客はいなかったのではないでしょうか(▶)。

　ユニバーサルイベントとして日本で初めての「ブラインドサッカー世界選手権」を開催するにあたり、日本ブラインドサッカー協会事務局長は、「今までにない緊張と焦りを感じている」と語っていました。しかし、メンバー全員で取り組み、「誰もが楽しめる観戦環境」を実現していったのです。

　さまざまな障がいに対する配慮を考えることによって、多方面のリスク管理が同時にできていることがわかります。多様性へのきめ細かい配慮は、イベントの快適性だけではなく、安全性につながっていくことになるのです。これが、ユニバーサルイベントが目指す重要な目的の一つなのです。

　まったく見えていないのに、全速力でボールに向かって走っていく姿や巧みにボールを操る技術は、多くの人に感動を与えました。そして、このイベントは、開幕試合と決勝戦のチケットが完売するなど、有料入場者数 6,285 人を集めることに成功しました。

▲手話通訳のゼッケンをつけたリレーションクルー　　▲盲導犬を連れた来場者も多い

写真提供：日本ブラインドサッカー協会

事例3:「ライブコンサート」での情報保障対応

　音楽は聞こえない人には関係ない？　そう思われがちですが、実はそんなことはありません。歌やダンスが好きな人もたくさんいます。

　手話をつけて歌うシンガー水戸真奈美氏のユニバーサルライブを紹介します。水戸氏は聴者ですが、司会者をはじめ、出演する他のシンガーたちの半数ほどは聴覚障がいがあります。会場のお客さまもまた半数が聴覚に障がいがある人たちでした。さまざまな聞こえの出演者や来場者が、全員音楽を楽しめるように、このライブでは次のような工夫をしています。

工夫1：感情を込めた手話通訳

　司会者は聴覚障がいのある人です。司会者の楽しい話は手話で語られ、手話通訳者は感情を込めて読み取り通訳（手話を見て、日本語にして声で話す）をします。壇上で、手話のできない聴者が話すときは、手話通訳（声を聴いて、手話にして表す）をします。

工夫2：歌詞と情景をスクリーン投影

　歌っている歌の歌詞とその内容に合った情景を、舞台左側の大型スクリーンに投影します。歌手も歌声と一緒に美しい手話表現をします。

　そのため、歌の背景（歌の意味や歌ができた理由など）と歌詞を映像で見ながら、同時に歌を聞くことができます。聴こえる人も視覚で歌を聴く面白さが体験できます。

▲舞台左側のスクリーンには、歌の歌詞をイメージさせる映像を投影している

第 4 章　ユニバーサル・オペレーションとその事例

135 ページ　コラム参照▶　　工夫 3：難聴者向けのスピーカーシステムを設置
　　難聴者や高齢で耳が遠くなった人たちの聞こえが数段上がるスピーカー「SONORITY」を会場に設置し、さらに多くの「抱っこスピーカー」を配布しました。聞こえにくい人や聞こえない人は、抱っこスピーカーを抱えて楽しみます。

115 ページ　コラム参照 4　　工夫 4：UDトークで文字情報の投影
　　歌はもちろん、舞台で交わされるトークなどを、「UDトーク」で文字情報として右側のスクリーンに投影して、音声の聞き取りが難しい人や手話の読み取りが苦手な人、内容を聞きそびれた人などが、文字でわかるようにしています。

　このようなさまざまな聞こえの支援方法満載のライブ会場は、全員が心を一つにして楽しめたライブでした。

▲歌手の右側に、歌詞や会話を投影

事例４：ユニバーサルスポーツフェスティバルのＵＤ配慮

　2014年10月、さいたま市主催で「ユニバーサルスポーツフェスティバル」が開催されました。

　さいたま市は、「さいたま市誰もが共に暮らすための障害者の権利の擁護等に関する条例」（通称：ノーマライゼーション条例）を2011年3月に制定し、その推進の一環として「そこにいる誰もが一緒に参加できるユニバーサルスポーツ」の体験会を、さいたま新都心駅西口けやきひろばで開催したのです。

　このイベントはユニバーサルイベントとして、次の点に配慮して計画・実施されました。

①本事業に協力したユニバーサルイベント協会の多様なスタッフが参加

　本事業に協力したユニバーサルイベント協会の企画・実施者は、車いす使用者、脳性まひで言語と肢体に障がいのある人、聴覚障がいのある人、高齢者、外国人など、さまざまな特性のあるメンバーで構成されました。当日も、この多様性豊かな実施関係者が実際にメンバーとして、来場者の対応にあたったのです。

　ユニバーサルイベントを企画・実施するときの重要なことの一つとして、イベントの提供側にも多様な特性のあるスタッフが存在することが挙げられます。来場者の多様性に配慮するだけでなく、作り手側の多様性が、誰でも快適に参加できるイベントとして、心地よい空間をつくる精神的な土台を培う助けになるのです。

②ノーマライゼーションを理解・推進できるプログラム

　敷地面積11,100.04m²の人工地盤上の「けやきひろば」は、さいたま新都心駅、北与野駅、さいたまスーパーアリーナなどから直接アクセスできます。この広大な面積を利用して、このイベントでは、4種類の企画が提供されました。

第4章　ユニバーサル・オペレーションとその事例

> a. ユニバーサルスポーツ体験コーナー　2か所
> b. ステージコーナー　2種
> c. 展示・活動紹介コーナー　9種
> d. 飲食コーナー　約10店

a. ユニバーサルスポーツ体験コーナー
　指導にあたったユニバーサルスポーツ・コーディネーターは、車いす利用者と、発音に少し聞きにくさがある脳性まひのあるスタッフでした。来場者の呼び込みに奮闘したのは、聴覚障がいのあるスタッフが扮したピエロでした。来場者もさまざまな特性がありましたが、みんな一緒にスポーツに興じる姿に、遊んでいる様子に、このイベントの目的は果たせていると感じました。

- ブラインドサッカー体験コーナー……日本ブラインドサッカー協会のメンバーが指導にあたりました。来場した子どもたちから高齢者まで、晴眼者から聴覚障がいのある人など、さまざまな特性の人がアイマスクで目隠しをして転がすと音の出る特殊なボールを蹴りながらゴールをめざして遊びました。耳の感覚を研ぎすまし、視覚に頼らずに行動する難しさを体験して、あらためて自分の五感の偏りに気づいたり、見えない人の感覚の鋭さに驚いたりしていました。

▲ブラインドサッカー体験コーナー

第13節　ユニバーサルイベントの事例とリスク管理

- シッティングバレー……床に座ったままで行うバレーボールです。大人も子どもも車いす使用者も、一緒に熱くなれるゲームです。
- ゴールボールもどき……1チーム3名程度の目隠しをしたプレーヤー同士が、コート内で鈴入りボールを転がすように投球し合い、相手ゴールにボールを入れる競技。思わぬ歓声が起こり、楽しさ倍増のユニバーサルスポーツになりました。
- ペタンク……鉄球を目標のボールにどれだけ近づけて投げられるかを競います（下のコラム参照）。

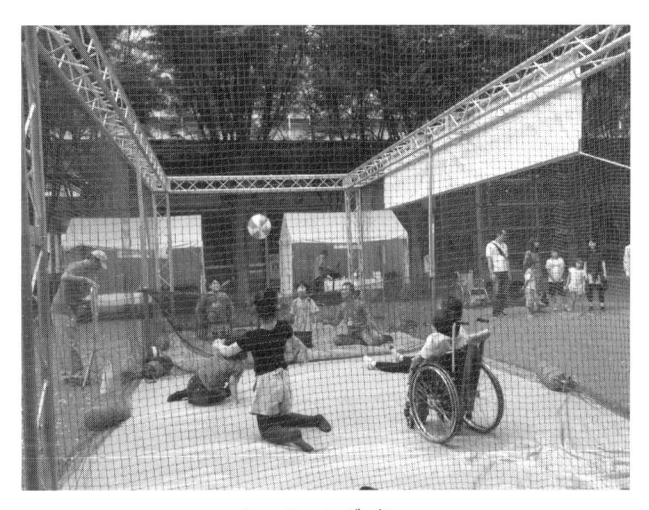

▲シッティングバレー

● ユニバーサルスポーツ ●

　ここで紹介したペタンクなどは、本当は鉄球を使う。しかし、このイベントでは、やわらかい室内用ボールを使用した。目隠ししている人や見えない人には、初めに目標まで案内して目標の位置を確認してから始めたり、車いすで手の力が弱い人には、少し前方から投げてもらったりと、それぞれの特性に合わせてルールを工夫している。

　このように、正規のルールにとらわれず、そのときの参加者に合わせていろいろな工夫をしながら、みんなで一緒に楽しむスポーツを考えていくことを、「ユニバーサルスポーツ」という。

　お互いに楽しめる方法を考えながら一緒に遊ぶことを通して、多様性について理解を深めることが、誰もが当たり前に一緒に活躍できるノーマライゼーション社会の推進につながるのだ。

第4章　ユニバーサル・オペレーションとその事例

b. ステージコーナー

舞台の左側には手話通訳者が立ち、右側にはＰＣ要約筆記によるプロジェクターが設置され、舞台でのトークが文字で表示されました。

- トークショー……まぜこぜの社会をめざす「Get in touch」の理事長であり女優である東ちづる氏と、パラリンピックで金メダルを15個獲得した元パラリンピック競泳選手の成田真由美氏の、ノーマライゼーション社会に向けてのユーモア溢れる舌鋒鋭いトークショー。
- ユニバーサルライブ……車いすや筋ジストロフィー、手話をつけて歌うシンガーなどによるライブステージ。ユニバーサルな社会の実現をめざす熱い思いが会場に一体感をもたらしていました。

▲オープニングの挨拶をするさいたま市長。手話通訳とパソコン要約筆記付き。

▲ Mari! Mari! & MASUMI のステージ

c. 展示・活動紹介コーナー

けやきひろばには、来場者がさまざまなユニバーサルデザインについて学べるブースが設置されました。

- さいたま市障害福祉課……ノーマライゼーション条例パネル展示
- 一般社団法人カンパラプレス……写真家 越智貴雄のパラスポーツ＆写真集『切断ヴィーナス』オリジナルフォトの展示
- 株式会社プラスヴォイス……手書き電話ＵＤや電話リレーサービスなどの便利なコミュニケーションツールの紹介・体験
- Shamrock Records 株式会社……「ＵＤトーク」「声シャッター」などユニバーサルデザインをとり入れたアプリの紹介・体験
- 株式会社ゴビ……新開発機器の見えない点字ブロック「フラットナビ」紹介・体験
- ＮＰＯ法人ユニバーサルイベント協会……ユニバーサルスポーツ、ユニバーサルキャンプｉｎ八丈島などの紹介
- ＮＰＯ法人ＣＳ障害者放送統一機構……「目で聴くテレビ」と通信衛星を利用したリアルタイム字幕配信サービス機器などの紹介
- デフムービーエンターテインメント プロディア……聾(ろう)映画の紹介・ＤＶＤ販売
- 社会福祉法人一粒　多機能型事業所こぱす……ウェルフェアトレードマーケットでの手作り食品や無農薬野菜の販売

d. 飲食コーナー

食の多様性を楽しむコーナーとして、世界各地の家庭料理の調理・販売がなされ、それぞれの国の人たちが自国の料理の調理・販売を行い、国際色豊かなイベントの雰囲気を醸しだしていました。

- 織の音工房 / 風舎 / しびらき……織り製品・繭（まゆ）製品、パン・クッキーの販売
- ほっとラウンジ / 埼玉福祉事業協会……パン・クッキー・洋菓子・野菜の販売
- インド料理　グルプリート……カレー、ナン等の販売
- 多文化子育ての会　Coconico……世界の家庭料理販売

第4章 ユニバーサル・オペレーションとその事例

- ブラジレイラ……ブラジル料理販売
- ペルー料理……ペルー料理販売
- マトリョーシカ……ボルシチ、ピロシキ、お菓子等の販売
- 麗の会……中華料理の販売
- ナイル・エジプト……エジプト料理の販売
- インドネシア料理……インドネシア料理の販売

　来場者側だけでなく、スタッフ側にも障がいのある人がいるため、初めから心のバリアを外せたのではないでしょうか。イベント当日は、障がいがあってもなくても、どんな来場者にも当たり前のように対応できる姿勢がスタッフに身についていました。そして、各コーナーで手話や筆談、プロジェクター表示など、いろいろなサポートが提供されており、どのような来場者にも安心して参加できる雰囲気を提供できたのです。

実施されたリスク対応

- 事前に、会場内の小さな段差や凹凸などをチェックし、足の不自由な人や車いす使用者の安全に配慮している。
- ユニバーサルスポーツ実施上のリスク対策としては、高齢者や障がいのある人の参加の際は、本人に、動くときの不便さ、体温調節ができるか否か、困ることや危ないことは何か、どの程度の時間が可能か、などを確認してから参加してもらう。
- ライブやトークショーでは、聴覚に障がいのある人には、手話が見えやすい席、文字表示のスクリーンが見えやすい席を優先的に確保して案内する。参加の受付などで「配慮の必要性を確認」し、のちのクレーム対応に備える。
- 緊急時の案内は、音声だけでなく、見てわかる方法も検討し準備する。また、どのスタッフがどのような来場者に緊急情報を知らせるかなども役割分担して決めておく。たとえば、車いす使用者の案内担当と避難経路の確認、聴覚障がいの人たちへの緊急情報提供方法（音声以外で見える化できる方法）、高齢や小さな子どもの来場者が多い場合は、案内開始時間を早める、避難経路の勾配の確認などきめ細かい準備が必要。

2．イベントとコンプライアンス

> コンプライアンス：
> compliance 法令遵守。

イベントを企画・実施するうえで、社会規範や人権、法令を守るのは当たり前のことです。あらためて、必要な申請書の提出や知的財産、肖像権について確認しましょう。

（1）イベント開催に必要な申請書

イベント開催では、さまざまな法律が関係します。食べ物を提供する場合は保健所に、火を使う場合は消防署に、公道を使う場合は警察署など、必要に応じて管轄の各所に申請書を提出する必要があります。

管轄の保健所や消防署などと、こまめに連絡をとることが必要です。

（2）知的財産

イベントを演出する音楽には著作権、地方をＰＲするキャラクターなどは商標権があります。舞台で使いたい新しい技術には実用新案権があるかもしれません。これらをまとめて知的財産といいます。知的財産は常に見直されており、将来的には香りや触覚なども検討されています。

知的財産は法律で守られており、特許庁に申請が出された特許権や実用新案権、意匠権、商標権（産業財産権）、著作権などさまざまな種類があります。不正に利用すると、使用の停止だけでなく、損害賠償を請求される場合もあります。

（3）肖像権

スタッフだけでなく来場者も、携帯電話やスマートフォンなどで気軽に写真や動画を撮影するようになりました。そして、次の瞬間には、ＳＮＳに載って世界中に配信されています。この画像・動画の拡散は、口コミの一種としてイベントの強い味方になりますが、逆に肖像権の侵害というリスクになる場合もあります。障がいなどの特性のある人は、特に個人が特定されやすく、また、画像・動画に対して敏感な人が多くおり、デリケートな問題の発生リスクが高くなります。

第4章　ユニバーサル・オペレーションとその事例

　肖像権とは、他人から無断で写真を撮られたり、それを無断で公表されたり利用されることを拒否できるという考えです。著名人・有名人はもちろん、一般の人も同じです。特に、著名人・有名人は、肖像権に加え、その画像・動画自体が商業的価値を生み出す可能性があるために、財産的価値をもっています。著名人・有名人には、画像・動画を撮影してよいかどうかを、目的や使用内容を所属する団体に事前に許可を得ておくことが必要になります。また、一般の人の場合は、イベントのＳＮＳなのか報告書に載せるのかなどの目的を伝えて、本人から撮影の許可を得たうえで撮影をしてください。

　撮影で気をつけたいこととして、映り込む背景に気をつける必要もあります。イベントのスポンサーになってくれた企業の看板や企業名が映り込んでいたり、場所が特定できる建物がある、許可をとってない人が後ろに立っていたなど、後から何らかの影響を及ぼすものが入っていないかの留意も必要です。

　イベントの内容によっては、カメラの持ち込みを制限するかどうか、携帯電話などの撮影可能機器の電源オフをしてもらうかどうかなどを検証し、それにかかるコストや時間なども検討しておくことが必要です。

撮影：越智貴雄

● 障がいのある人を撮る ●

2014年5月『切断ヴィーナス』（白順社）という写真集が発売された。著者・撮影者は、越智貴雄氏。2000年からパラリンピックの撮影取材に携わり、その後も多くの障がいのあるアスリートたちを撮影している。

「カメラを突然人に向けるということは、一種の暴力だと思っています」。多くのイベントで撮影をしてきたという越智氏は、イベントでの撮影の心得を尋ねたときに、まずこう言った。

「できれば、主催者から自分がカメラマンであることをしっかりと紹介してほしい。そうでないと、カメラを向けた一人ひとりに『私はこのイベントの運営側から依頼されたカメラマンで、撮影した映像は、HPで使用します』などと、いちいち説明する必要があるからです。写真を撮られる側は、それがなければ、突然にカメラを向けられ、シャッターを押され、その自分が写ったデータが、どこに行くのかわかりません。気持ちのいいものではないでしょう」

イベントを撮影するさいのポイントを他にも教えてくれた。

「子どもを撮る場合は、必ずそばにいる親に許可を得ること。老人ホームなどでいい写真が撮れたら、後でデータやプリントをホームに送ってあげると喜ばれる。周りの映り込みには注意したい。スポンサーは必ず確認しておくこと。イベントの場ならば、周りと自分との間によい人間関係を形成する必要がある。自分が何者かを知ってもらい、笑顔でこちらを見てもらえるように挨拶など基本的なマナーを守ること」。

障がいのある被写体を撮るとき、初めはどうしたらいいのかわからなかったという越智氏。しかし、ファインダーを覗くうちに、障がいがある・ないにかかわらず、素晴らしいプレーがそこにあった。そして選手の一人から、「私たちはアスリートなのに、なぜわざわざ"障がい者アスリート"と呼ばれるのだろうか」と言われた。

まだまだ障がいのある人は特別扱いをされる。だったら、多くの人がもつ"障がい者"のイメージを変えてしまおう。そういう思いの一環が、この『切断ヴィーナス』になったという。

協力：一般社団法人カンパラプレス
http://www.ochitakao.com

▲『切断ヴィーナス』より　撮影：越智貴雄

第4章　ユニバーサル・オペレーションとその事例

● サウンドコードによる情報提供 ●

　サウンドコードとは、情報を聞こえない音にしてスマートフォンやタブレット等のデバイスに届ける音のQRコードである。インターネット環境がなくても受信できるので、開場アナウンスを受信させて文字で表示してもらうなど、イベント会場でさまざまな使い方ができる。パンフレットにサウンドコードを埋め込んでおくのもよいだろう。文字はデバイスに装備されている言語（英語や中国語など10か国語以上）を利用し、好きな言語が選べるので、多言語化にも対応できる優れものだ。

　駅の改札や階段などで視覚障がいのある人がわかりやすいように「ピンポーン」という小さな音が出ているが、この音に合わせて「改札です」、「中央線ホームの階段降り口です」などと音声を埋め込んでおけば、自分の持つデバイスで聞くことができるし、聴覚障がいのある人には、文字情報が表示されるという。

　イベント会場ならば、聞こえない人への情報提供や、見えない人への会場案内や、商品説明にも役立てられるだろう。

　緊急情報を来場者のデバイスに文字情報・音情報として伝える方法もある。緊急対応のリスクマネジメントにも活用できる技術として活用できそうだ。

　　　　　提供：株式会社フィールドシステム
　　　　　　　http://www.fieldsystem.co.jp

▲駅構内に設置されている誘導チャイムから流れるサウンドコードを受信する様子。テキスト、音声や動画等、さまざまな案内サービスを可能にする。

第5章 ユニバーサルイベントのサステナビリティ

第14節　新しい文化を創造するための理解と教育
第15節　新たな社会的価値（レガシー）から生じる
　　　　経済効果

第5章　ユニバーサルイベントのサステナビリティ

◎イベントのサステナビリティとレガシー

（1）イベントのサステナビリティ

サステナビリティ（sustainability）とは、「持続可能性」と訳されます。「さまざまな活動が、今後も保ち続けられるかどうか」を表す言葉で、一般的に次のように定義されています。

> ① 現在のニーズのために、将来のニーズを損なわないこと
> ② 社会進歩、経済活動、環境責任への永続的かつバランスのとれたアプローチ　　　　　　　　　　（サステナビリティの定義）

サステナビリティは、**現在だけでなく将来を見据え、広く社会・経済・環境の観点からバランスをとることをめざす考え方であり、取り組みである**ことがわかります。特に②の考え方を整理したものとして、図表5－1のように紹介されることが多くあります。

このように、サステナビリティは、社会、経済、環境のいずれの要素が欠けても成立しないものです。

図表5－1　サステナビリティの構成要素

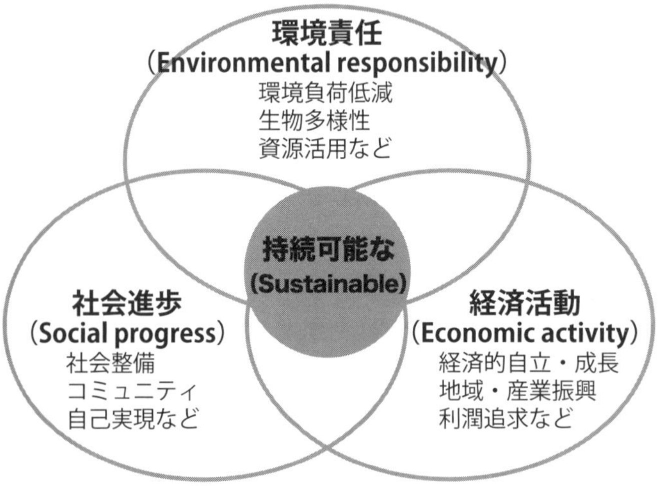

環境責任（Environmental responsibility）
環境負荷低減
生物多様性
資源活用など

持続可能な（Sustainable）

社会進歩（Social progress）
社会整備
コミュニティ
自己実現など

経済活動（Economic activity）
経済的自立・成長
地域・産業振興
利潤追求など

出典：「イベント科学の総合研究論集　イベント研究第6号」
　　　一般社団法人日本イベントプロデュース協会イベント総合研究所

図表5－1の「環境責任」については、どのようなイベント実施時にも当然配慮されるべきこととして、常識になってきています。

（2）イベントでのレガシー

　レガシー（legacy）は、直訳すると「遺産」を意味する言葉です。イベントでのレガシーは、有形・無形問わず、イベントによってつくられたものが、その後も残り、欠かせないものであることをめざす言葉です。例えば、東京オリンピックに合わせて開業した新幹線は、今では日本中を走り生活に欠かせないものとなっており、有形のレガシーであるといえるでしょう。

　レガシーは、ISO20121で次のように定義されています。

ISO20121：イベントマネジメントの国際標準規格

イベントの後に残される結果　　　（ISO20121）

　これからのイベントは、主催者にとって「理念・目的を具現化したもの」であるだけでなく、「社会、経済、環境のバランス」を保っているかどうか、「持続する付加価値」があるかどうか、こうしたことも視野に入れて、企画・運営・実施をしていくことが求められているのです。

● 切っても切れないイベントとサステナビリティとレガシー ●

　2020年に、東京オリンピック・パラリンピックの開催が決定したが、その誘致のプレゼンテーションでは「**サステナビリティ**」と「**レガシー**」という言葉が何度も語られた。

　20世紀のイベントは、どのくらい多く人を集めることができたか、どのくらい豪華な演出がなされたか、そういったことが評価の対象となった。2000年には、社会全体が自然環境の破壊に対して厳しい目をもつようになり、環境への配慮・優しさが大きな評価対象となった。2000年のハノーヴァー万博では、木を一本も切らずに開催することをめざし、2005年の愛知万博ではオオタカの営巣が見つかったことで、開催地を縮小して話題を集めたのも、こうした意識の広がりだ。

　2010年代では、環境問題の意識がさらに社会全般に広がり、イベントがどのように社会に貢献していくのか、社会に対してどのような財産（レガシー）を残していくのかという、永続的な側面が評価されるようになっている。2020年のレガシーはノーマライゼーションの社会が当たり前になることを願っている。

第5章　ユニバーサルイベントのサステナビリティ

第14節　新しい文化を創造するための理解と教育

　多様な来場者が訪れるイベント会場では、さまざまな人の特性に関する知識と、その配慮の仕方を身につけることが大切だと学んできました。

　そして、イベント会場では、企画・設計者や運営スタッフたちが実際に多様な来場者と関わり、直接本人たちと接して学んでいくことによって、さらに新たな経験知を重ねていくことができます。

　すなわち、ユニバーサルイベントを企画実施すること自体が、多様性（ダイバーシティ）を理解し、ダイバーシティな社会の推進に役立つことになり、新しい文化の創造を担うことになるのです。そして、サステナブルな社会を推進し、新たな風土をレガシーとして築いていくといえるのではないでしょうか。

　この社会進歩の一環になる新しい文化や価値観の創造をどのように効果的に浸透させていけるかを考えたとき、ユニバーサルイベントに携わるメンバーがいかに多様な人々の特性を理解し、適切な配慮ができるようになるかが重要になってきます。

　そのためにも、イベントの主催者や企画・運営スタッフ、アテンダント、ボランティアが、多様な人々の参加を当たり前の前提として、その特性や対応方法を学ぶ機会を提供していくことが、これからのイベントの必須要件となります。

1．主催者側の意識のもち方が重要

　イベントの規模の大小にかかわらず、その主催者の意向や姿勢は、最初の告知の段階でわかります。すなわち、多様な参加者を歓迎しているか否かの姿勢が見えるということです。

　海外からの来訪者の増大や元気で活動的な高年齢者の急速な増加、障がいのある人の雇用や社会参加の増加などが著しい現在、社会環境は大きく変化しています。また、2016年から施行される「障害者差別解消法」も留意すべき点です。当然、イベントへの来場者の多様性は、これまで

何度も述べてきたように、大きく変化しています。

こうした社会の変化が求めていることは、**だれもが行きたいところに行け、仕事や活動、学び、遊びの機会が享受できる**ノーマライゼーション社会の環境推進です。まさに、サステナビリティの「社会進歩」の促進がイベントにも求められているといえるでしょう。

こうした認識を、まずイベントの主催者がしっかりともたなくては、そのイベントを成功させることは難しくなるでしょう。主催者にその意識が欠如している場合、企画や運営スタッフの努力だけでは、評価を得られるイベントづくりは難しくなります。

2．すべてのスタッフの多様性への理解・育成が必要

ユニバーサルイベントへの配慮は運営時に行えばよいと思われがちですが、それでは本来の快適で十分なコミュニケーションのとれるイベントにはなりません。ユニバーサルイベントは、企画・計画から多様性（ダイバーシティ）への配慮を考慮することが、もっとも重要なのです。

イベントは、それ自体が目的ではありません。イベントは、ある目的を達成するための手段です。ですから、手段として最大限に効果をあげるためにも、イベントに携わるすべてに関係者への、ユニバーサルイベントへの理解と対応方法を学ぶ機会を設けましょう。

◀ユニバーサルキャンプ事前
　研修の様子
　（180ページ参照）

事例：スカパーの 2014 年ソチパラリンピック 24 時間中継

スカパー JSAT 株式会社は、ソチ冬季パラリンピックの放映権をＮＨＫからサブライセンスを受け、日本初の 24 時間パラリンピック専門チャンネルを開局し、すべて無料配信するという快挙をなしました。

概要は次のとおりです。

> - ＮＨＫからサブライセンスを取得
> - 日本初の 24 時間パラリンピック専門チャンネル開局
> - 放送と同じ映像を PC・スマートフォン・タブレットへ配信
> - 放送・配信時間：216 時間（うち、61 時間 50 分生中継）
> - 5 競技 72 種目すべて放送
> - 充実のハイライト番組編成
> - 現地ソチスタジオからの独自レポート
> - すべて無料配信

スカパーの障がい者スポーツの放送は、2008 年 5 月の「日本車椅子バスケットボール選手権大会」に遡ります。当初は戸惑いの連続だったそうです。インタビュアーは「しゃがんで同じ目線で聞かなければ失礼じゃないか」と悩んだり、カメラマンは「切断した足にカメラを向けてよいのか」と迷いました。アナウンサーは初の実況中継で、選手の障がいについて触れることがなかなかできなかったといいます。

しかし、そのわずか 4 か月後の北京パラリンピックの放送では、みんなそうした迷いも吹っ切れ、障がいの話に触れながら競技中継ができるようになっていました。

「選手たちと接触していくことで、私たちの心の中のバリアがなくなっていきました」、そう言います。

そして 2012 年ロンドン大会では、より多くの競技を中継しようと準備を始めました。放送のコンセプトは一貫していました。「スポーツ中継として放送すること」と「選手をアスリートとしてリスペクトすること」です。

プロジェクトリーダーである取締役執行役員専務の田中晃氏は、ス

タッフに言いました。

「多様な障がい、さまざまな肉体と真正面から向き合い、それでもスポーツとして中継できるか？　選手をアスリートとしてリスペクトできるか？　それができなければパラリンピックを放送する資格はない」

ロンドンでは連日60分のハイライト放送を実施し、ソチではついに「無料の24時間パラリンピック専門チャンネル」を開局するという決断をしました。

「スポーツ中継として」「選手をアスリートとして」放送するために、スタッフは猛勉強に取り組みました。主に2つの側面からアプローチしました。

①競技を学ぶ

放送するためには、まず対象の"競技"を知らなくてなりません。その競技は、何が難しくて、どんな技術に価値があるのかなどを学びました。

そのために、ひっきりなしに、パラリンピックの選手、監督、コーチに勉強会を依頼して実施したそうです。アルペンスキーで速く滑るためにはどんな訓練が必要なのか、チェアスキーでもっとも難しいところはどこか、どの筋肉を鍛えるのか、クロスカントリーでの勝負を決めるポイントはどこなのか……。

障がいのある選手たちのトレーニングの話、監督の狙いや指導のこつ、コーチの思いなど、みんなで懸命に聞き、勉強したそうです。

②彼らの普通を受け止める

北京パラリンピックのときの反省が、もうひとつの主眼でした。水泳のキャプテンだった鈴木孝幸氏は、先天性の両足と片手欠損の選手です。その彼が金メダルをとりました。でも、その晴れ舞台を取材した映像には、鈴木選手の顔しか映っていませんでした。

取材スタッフは、普段見慣れない彼の肉体にカメラを向けられなかったであろうことは容易に想像できました。しかし「僕にとってはこの身体が普通ですから」と彼は言います。彼の「普通」を見せなくては、彼のトレーニングの厳しさ、技術のすごさを伝えられません。それはパラリンピックを「スポーツとして」伝えるための大きな壁だと田中氏は言います。

第 5 章　ユニバーサルイベントのサステナビリティ

　　彼らにとって障がいのある肉体は当たり前です。ですから、放送スタッフもそれを当たり前に受け止められないと、本人の魅力を伝えることができません。そこで、スタッフたちを練習現場に何度も行かせたそうです。そして、彼らを当たり前に受け入れ、その肉体で早く泳ぐには今あるどんな筋肉を鍛えればいいのか、その肉体で今より 0.1 秒早く泳ぐためには、どんな努力をしているのか、そういったことをしっかり見て聞いて、初めてそのスキルを紹介できる。それでなければスポーツ報道として意味がないのです。障がいのある選手たちが望んでいることは、「障がい者がやっている」から報道されるのではなく「スポーツ」だから報道されるということです。このことをしっかり認識して、取材をしてほしいと願って、勉強に力を入れました。

　　放映は全国から大きな感謝の反響がありました。驚いたことは、若い 10 代 20 代の反響でした。選手のすごさにストレートに刺激された彼らは「面白い！」「オリンピックよりすごい！」とツイートし拡散しました。
　　また、選手の地元の支援者たちが、町の公会堂や体育館に集まってスカパーを観ながら選手達を応援しました。スカパーには放映についての感謝の言葉が寄せられました。
　　福祉の情報としてではなく、魅力あるスポーツとして、オリンピックと同様の、ときにはそれ以上の感動を多くの人に伝えました。スカパーは、障がいの有無を超え、スポーツとしての魅力と感動を広めることに

▲ソチの応援に集まった地元の人々　　　　　　　　▲男子車いすバスケット

第14節　新しい文化を創造するための理解と教育

多大な役割を果たしたのではないでしょうか。まさに新たな文化の創造に大きく貢献した快挙です。

　田中氏は謙虚に次への抱負を語ってくれました。
「ソチには大きな覚悟をもって取り組み、24時間放映を行いました。しかし、実はまだまだです。ソチが終わってから、選手たちとお疲れ様会をしました。そのとき、選手達に『どの選手がMVPか』と聞きました。アルペンの選手達は全員一致でカナダの片足・片腕の女性選手を選びました。その選手は途中でコースアウトして棄権してしまったのですが、『選手の僕らが見ていて感動で涙が止まらなかった』と言うのです。片足・片腕の選手が滑り降りることのチャレンジングとすごさを私達はまったく理解できず少しも伝えられませんでした。まだ情けないほど未熟です」。

　障がいは多様です。放映を通し、障がいのある選手たちの対等な人としての努力と魅力を多くの人に伝えることが、ノーマライゼーション社会の推進に対する大きな貢献になるのではないでしょうか。

▲上　シッティングスキー、　下両方　バイアスロン　©アフロ

第 5 章　ユニバーサルイベントのサステナビリティ

第 15 節　新たな社会的価値（レガシー）から生じる経済効果

1．ユニバーサルイベントが社会に生み出す多様性の文化

　たとえイベントが一過性であっても、ユニバーサルイベントを実施することで学んだ多様性の理解や多様な来場者とのコミュニケーション経験は、一過性では終わりません。イベントを通じて障がいのある人々が実はとても明るく楽しい、障がいのない人となんら変わりがない、そんなことに気づくでしょう。何よりも、社会は価値観や感性、習慣などが違ういろいろな人がいて成り立っていると気づくはずです。

　こうした経験が、社会の多様性（ダイバーシティ）を受け入れることにつながり、公共機関や公共施設の社会整備のユニバーサルデザイン化、企業の人事制度のダイバーシティ化や商品開発・サービスシステムのユニバーサルデザイン・ユニバーサルサービス化の促進につながるのではないでしょうか。

　障がいのある人の雇用も進み、障がいのある人の多くが社会に進出しています。また、日本で働く外国人や観光で海外から日本に訪れる観光客も大幅に増加しています。

　こうした社会の変化とともに、企業の提供する商品やサービス、社会のインフラは変わっていかざるを得ません。

　そのためには、多様な人たちと接し、価値観の多様性を受け入れ、新たな発想ができる人材が必要になります。ユニバーサルイベントを実施し多様な人たちと接することで、多様性を受け入れた人材としての価値が高まり、企業活動や社会活動にその経験を活かすことで、より経済活動の活性化も生まれていきます。

2．パラリンピックに期待する経済効果

　2014 年には、オリンピックとパラリンピックが文部科学省の管轄になり、2015 年秋にスポーツ庁がスタートします。かつてパラリンピッ

第15節　新たな社会的価値（レガシー）から生じる経済効果

　クは障がいのある人のリハビリという目的で始まりましたが、今では正式にスポーツとして認められています。障がいがあろうがなかろうが、自分の能力を精一杯発揮でき、認められる社会に変わってきたのです。

　障がいがあってもスポーツ競技として挑戦する、片足が欠損して義足になってもそれをファッションとして楽しむ、そんな人たちが当たり前に社会で活躍し、評価され始めています。2014年に写真集『切断ヴィーナス』を発表した越智氏は、障がいを特別扱いしない社会をつくりたいと、義足の女性たちの挑戦的で美しい姿をファインダーで切り取りました。その写真展から、彼女たちのファッションショーというイベントが生まれ、2015年の東京コレクションでは、ファッションショーに『切断ヴィーナス』達も参加したのです。

◀ 167ページ参照

　こうした現象が、ファッション業界の新たな視点や戦略になったり、福祉機器の分野を抜け出した商品開発になっていくことでしょう。より多様なお客さまをターゲットにすることで、まったく発想の違う新たなファッションが登場する可能性が期待されます。

　多様な特性のある人への配慮ある企業が、その規模や売上高よりも高い企業価値と認められたりします。2012年のロンドンパラリンピックでは、スーパーマーケット・セインズベリーがパラリンピックのみ（オリンピックは支援しない）のスポンサーになり、パラリンピック選手と契約し、その選手が片足ですっくと立っている美しいコマーシャルを放映しました。このコマーシャルは大きな評価を産み、セインズベリーのシェアは大きく上昇したといいます。まさに、新たな文化（レガシー）が経済波及効果を生み出した例ではないでしょうか。

　ユニバーサルイベントのレガシーは、こうした社会変化を促進し、誰もが当たり前に社会参加し、能力を発揮できる社会への起爆剤となりうるし、そうした社会を促進する人材を輩出することができるという価値があるといえるのではないでしょうか。

第5章　ユニバーサルイベントのサステナビリティ

事例：ユニバーサルキャンプ in 八丈島のレガシー

「ユニバーサルキャンプ in 八丈島」は、東京都・八丈島で毎年9月に開催される2泊3日のキャンプ型交流イベントです。ダイバーシティの考え方のもと、「みんなが一緒にいきいき暮らせる社会」の実現を目指して運営されています。

八丈島の豊かな自然のもと、障がいの有無・年齢・性別・国籍に関係なく多様な参加者が集い、"キャンプ"という日常生活より少し不便な環境のなかで、互いに協力し、サポートし合います。障がいのある人を介助する特別なサポーターは存在しません。ユニバーサルスポーツや地元の方々との盆踊り、コミュニケーションプログラムなど多彩なプログラムを通して、ダイバーシティを実感するイベントです。

参加者は、業種・職種が異なる社会人・企業人、学生、主婦、外国人、障がいのある人など、多様な構成です。年齢層も子どもから70歳代まで幅広く、毎年総勢120名ほどの人が参加します。2005年から毎年開催され、すでに10回行われ、参加者はこれまでに延べ1,800人にも及びます（2014年現在）。毎年、約30パーセントの参加者が障害者手帳をもっていますが、特に障がい者割引はしていません。

3日間にわたる共同生活のなかで、参加者は多様な他の参加者と深く活発なコミュニケーションを交わし、ダイバーシティについて多くの気づきを得、試行錯誤し、実際に行動していきます。これらの実践は、イベント後の意識や行動に強い影響を与え、参加者は皆、仕事や生活のなかでの活用を考え、さまざまな形で実践しています。

◀「ルーム・オブ・ダイバーシティ」というプログラム。聞かなければわからない。音の部屋（聴覚障がい）、動きの部屋（肢体障がい）、光の部屋（視覚障がい）、関わりの部屋（内部障がいや色覚障がい、自閉症等）、ＵＤの部屋（UD研究者やDV被害者、障がいのある人の家族）、八丈島の部屋（島の文化や歴史、新しい活動など）といった6つのタープテントをグループごとに訪ね、その部屋の「主人」の話を聞き、何でも尋ねる時間。

第15節　新たな社会的価値（レガシー）から生じる経済効果

　毎年、多くの参加者が言います。

　「障がいは誰にもある。自分にも苦手なことが多い。障がいのある人が特別なのではなく、社会の環境が障がいのある人を生み出していることに気づいた。ユニバーサルデザインやユニバーサルサービスについての意識が大きく変わった。これから仕事に活かしていきたいし、自分の価値観が変わった」。

　また、障がいのある人自身も

　「自分はいつもサポートされる側です。いつも、周りの人に『ありがとうございます』と言う立場です。でも、ここに来て自分も他の人をサポートできることに気がつき、『ありがとうございます』と言われました。自分のできることはもっと積極的に努力して伸ばしていけるんだということに気づき感動しました」

　障がいがある人自身も、社会に貢献できることに気づき、前向きに自分の可能性を信じ、意識や行動を変えていきます。

　毎年開催されるユニバーサルキャンプは、確かにユニバーサルな社会環境創造の担い手を生み出し続けているのです。

◀「ユニボン」八丈島の体育館で、まちを挙げての盆踊り。島の皆さんも楽しみにしてくれている。婦人会や地元の知的障がいの作業所「ちょんこめ」のメンバーも一緒に踊る。

◀左下：全員の集合写真

▼「ユニバーサルスポーツ」161 ページ参照

第5章　ユニバーサルイベントのサステナビリティ

　イベントは、新しい試みの実験の場でもあるはずです。新技術や方法をさらに進化させる開発の場でもあります。大切なのは、ユニバーサルイベントは難しいしお金がかかるからやらない、ではなく、実験的にやってみて、来場者も巻き込んでさらに快適な方法を社会に提案するという姿勢をもつことではないでしょうか。これだけ多様な人々が、当たり前に社会参加できる時代になってきたのです。これからの社会には、いままでの常識ではない新しい価値観や常識が生まれます。その文化の推進・普及に、イベントは大きな力を発揮できるのです。まさに心の文化のレガシーが生まれるのです。

　そしてイベントには、体験して感動し、自らの知識や行動を変容するという大きな力があります。多様な人が当たり前に一緒になって活躍できる社会の推進に、ユニバーサルイベントを手段として活用し、さらに住みよい社会をつくる担い手になってほしいと願っています。

　それが結果的に、企業や組織がシーズを見つけるきっかけになり、新たなニーズに合った新しい商品やサービスを生み出し、経済効果に貢献していけるのではないかと信じています。

● みんながフルコースを楽しめるように ●

　ある車いす使用者が、こんなことを言った。「アミューズメントパークには、障がい者割引があります。私のように車いすで歩いて移動ができないと、乗れないアトラクションがたくさんあるからです。そのアトラクションは、たいがいジェットコースター系なので、安全面などから乗れないのも仕方ないと思います。でも、どのアトラクションパークでも、ジェットコースター系が一番人気があり、メインになっています。それに乗れない私は、例えると、メインディッシュのないフルコースを食べるような……。

　そして、一緒に行く友人も、私の"メインディッシュがないフルコース"に付き合わせてしまうことになります。これが一番、申し訳ないなぁと思ったりします。こんな気持ちを、わかってもらえると嬉しいです」。

　すべてのことを、すべての人が同じようにできるということは難しいだろうが、"難しい"で終わらせず"どうしたらもっと一緒にできるようになるか？"を試行錯誤しながら工夫し続けることが大切だ。

　こうした知恵と工夫が、思ってもみなかった技術やノウハウを生み出した例はたくさんある。みんながフルコースを一緒に楽しめるような、新たな創意工夫が生まれるよう挑戦し続けたい。

参考文献・引用文献

※団体名・社名などは発行当時のもの

- 日本イベントプロデュース協会・ユニバーサルイベント編集委員会編集『いまなぜ ユニバーサルイベントなのか－新しいイベントの概念を求めて』株式会社内山工房 2000年

- Gardenswartz & Rowe "Diverse Teams at Work(2nd Editions)" SHRM 2003

- ノースカロライナ州立大学 ユニバーサルデザイン・センター／アクセシビリティ研究会著・C&C振興財団編 一部改編『情報アクセシビリティとユニバーサルデザイン』アスキー 2003年

- 平野繁臣監修・梶原貞幸編著『イベントの基礎知識』社団法人日本イベント産業振興協会 2004年

- 秦政監修『ケースで学ぶ 障がい者雇用促進支援講座1～3』株式会社UDジャパン 2006年

- 国土交通省総合政策局安心生活政策課監修「バリアフリー整備ガイドライン（旅客施設編）」 公益財団法人交通エコロジー・モビリティ財団 2007

- より多くの人が参加しやすい展示会ガイド作成実行委員会「より多くの人が参加しやすい展示会ガイド」財団法人共用品推進機構 2011年

- 社団法人日本イベント産業振興協会JACEブレインネットワーク監修・梶原貞幸編著『イベント・プロフェッショナル～イベント業務管理士共通スキル公式テキスト～Ⅰ』社団法人日本イベント産業振興協会 2012年

- 社団法人日本イベント産業振興協会JACEブレインネットワーク監修・梶原貞幸編著『イベント・プロフェッショナル～イベント業務管理士共通スキル公式テキスト～Ⅱ』社団法人日本イベント産業振興協会 2012年

- 国土交通省『高齢者、障害者等の円滑な移動等に配慮した建築設計標準』2012年
http://www.mlit.go.jp/jutakukentiku/build/barrier-free.files/guideline12.pdf

- 秦政著『はた・まことシリーズ2 改訂版 障がい者雇用促進のための119番－この1冊で障がい者雇用のすべてがわかる－』株式会社UDジャパン 2013年

参考文献・引用文献

- 一般社団法人日本イベント産業振興協会『平成２４年イベント市場規模推計報告書』一般社団法人日本イベント産業振興協会　2014 年

- アイ・デザイン監修『JR 西日本サインデザインマニュアル 2014』西日本旅客鉄道株式会社　2014 年

- 一般社団法人日本イベント産業振興協会『平成 25 年 イベント市場規模推計報告書』一般社団法人日本イベント産業振興協会　2014 年

- 越智貴雄『切断ヴィーナス』白順社　2014 年

- 越川延明著 "イベント分野におけるサステナビリティとレガシーの考察"「JEPC イベント科学の総合研究論集　イベント研究第 6 号」一般社団法人日本イベントプロデュース協会イベント総合研究所　2014 年

- ＮＰＯ法人カラーユニバーサルデザイン機構「Color Universal Design 10　2004-2014 ─これまでとこれから」　2015 年

- 一般社団法人日本イベント産業振興協会 能力・コンテンツ委員会監修『イベント検定公式テキスト 基礎から学ぶ、基礎からわかるイベント』株式会社ＵＤジャパン　2015 年

- 高齢者のインターネット使用率　─　DENTSU デジタルシニア・ラボ　2012 年 4 月調べ
  http://www.dentsu.co.jp/news/release/pdf-cms/2012046-0410.pdf

- 高齢者のＷＥＢ能力　─　ニールセン
  http://www.usability.gr.jp/alertbox/usability-for-senior-citizens.html

- 段差が生まれた理由　─　寺内義典
  http://www.kokushikan.ac.jp/tagblocks/ReportSE/news/Cat03/0000001273.html

- 標準案内用図記号　─　公益財団法人交通エコロジー・モビリティ財団
  http://www.ecomo.or.jp/barrierfree/pictogram/picto_top.html

取材・執筆協力

社名50音順

NPO法人アニミ　代表　服部一弘

株式会社エンサウンド　代表取締役　菅順一

ＮＰＯ法人カラーユニバーサルデザイン機構　副理事長　伊賀公一

一般社団法人カンパラプレス　代表理事・写真家　越智貴雄

公益財団法人共用品推進機構　理事　望月庸光

共用品ネット　猪狩ますみ

株式会社ゴビ　代表取締役社長　島田幸廣

さいたま市　保健福祉局福祉部　障害福祉課

Shamrock Records, Inc. 代表取締役社長　青木秀仁

スカパーＪＳＡＴ株式会社　取締役 執行役員専務　田中晃

株式会社セレスポ　さいたま支店

株式会社ソーシャルデザインネットワークス　代表　定村俊満

株式会社電通　電通ダイバーシティ・ラボ　パラディス主宰　佐多直厚

日本ブラインドサッカー協会

ＮＰＯ法人日本ユニバーサル・サウンドデザイン協会　理事長　中石真一路

Ｐａｌａｂｒａ株式会社　代表　石原由之

株式会社フィールドシステム　COO　津久間孝成

Fellow Planning Office　Singer　水戸真奈美

株式会社フォネックス・コミュニケーションズ　石田尚人

株式会社プラスヴォイス　代表取締役社長　三浦宏之

有限会社フルフォード・エンタープライズ　代表　アダム・フルフォード

Mari! Mari! & MASUMI

ＮＰＯ法人ユニバーサルイベント協会　ユニバーサルスポーツ委員会

ユニバーサルデザインアドバイザー　松森果林

Uni-Voice事業企画株式会社　代表取締役社長　能登谷和則

●監修

　一般社団法人日本イベント産業振興協会
　能力・コンテンツ委員会

●編著者

　内山早苗　　NPO法人ユニバーサルイベント協会　代表理事
　　　　　　　株式会社ＵＤジャパン　代表取締役
　　　　　　　一般社団法人日本イベント産業振興協会　理事
　　　　　　　一般社団法人日本イベントプロデュース協会　代議員

●著者（五十音順）

　梶原貞幸　　淑徳大学非常勤講師　NPO法人ユニバーサルイベント協会　副理事長

　越川延明　　株式会社セレスポ　サステナブルイベント研究所　所長

　児山啓一　　株式会社アイ・デザイン　代表取締役

　春山礼子　　株式会社ＵＤジャパン　ダイバーシティ部門　マネジャー

　間藤芳樹　　株式会社マッシュ　代表取締役

ユニバーサルイベント検定公式テキスト
いま、求められるユニバーサルイベント

2015年4月　　第1版　　第1刷
2016年5月　　　　　　　第2刷

監　修	一般社団法人日本イベント産業振興協会
	能力・コンテンツ委員会
発行者	成田　純治
発行所	一般社団法人日本イベント産業振興協会
	東京都千代田区一番町 13-7 一番町ＫＧビル 3 階
	TEL 03-3238-7821　FAX 03-3238-7834
	http://www.jace.or.jp
発売元	株式会社ＵＤジャパン
	東京都港区港南 2-12-27
	TEL 03-5769-0212　FAX 03-5460-0240
	http://www.ud-japan.com
	郵便振替口座　00150-6-358542
印刷所	株式会社シナノ

落丁・乱丁、その他不良な品がございましたら、お取り替えいたします。
お買い求めの書店か小社へお申し付けください。

©2015 Japan Association for the Promotion of Creative Events
　　　& Universal Design Japan. Inc.
無断転載・無断複写複製（コピー）を禁ず。
ISBN978-4-901173-29-2 C4036

イベントを支える人材が求められています。

2020年の東京オリンピック・パラリンピックや、外国人観光客年間2,000万人時代へ向けての期待とIT時代の貴重なリアルコミュニケーションとして、イベントは社会の中でますます重要な位置を担うようになってきました。今、イベントの将来を担う"確かな人材"が求められています。
そのニーズに応えるために日本イベント産業振興協会では3つの「検定」資格を創設。
検定はイベントの基礎を身につけることができます。就活や転職へのアピールポイントにもなる資格です。
次のステージへ進むきっかけとして、検定で第一歩を踏み出してみませんか？

イベント検定 / Event

企業や中央官庁、自治体などでイベントの発注業務や管理・調整等を行うためには、
イベント専門家としての実務経験はなくとも的確なオリエンテーションを行って、
より適切で効果的なイベントを実施する「イベントについての体系的な基礎知識」を持つ人材が必要です。
こうした人材の養成を目的として、平成9年に創設された検定です。

☑ 受験資格 ………… 受験年度に満18歳以上の方

スポーツイベント検定 / Sports Event

スポーツイベントを通じた自己実現や社会貢献ができる人材育成を目的にした検定です。
スポーツを経済や地域の活性化に結びつける動きが活発になり、それに携わる方も増えています。
今こそ、この検定でマネジメントとスポーツイベントの効果を体系的に学ぶ時がきています。

☑ 受験資格 ………… 受験年度に満18歳以上の方

ユニバーサルイベント検定 / Universal Event

イベントにおける「ユニバーサル」とは、高齢者も若い人も、障がいがある人もない人も、
どのような国籍や年齢、性別であっても全員が快適に来場し参加できることを指します。
近年、行政や企業では、2020年東京オリンピック・パラリンピックへ向け国際化や障がい者の
スムーズな社会参加への対応が課題となっています。
この検定では、誰もが楽しめるイベントにするための基礎知識や対応方法を習得できます。

☑ 受験資格 ………… 受験年度に満18歳以上の方

各検定の詳細は日本イベント産業振興協会のホームページをご覧ください。 日本イベント産業振興協会 検索 http://www.jace.or.jp/
ご不明な点やお問合せはお電話ください。TEL.03-3238-7821